매국사학의
18가지 거짓말

매국사학의 18가지 거짓말

황순종 지음

우리 역사를 팔아먹는
주류 역사학자들의
궤변을 비판한다

한사군이라는 용어를 씀으로써 고대에 우리 민족이 한나라의 지배를 받았다는 사실을 최대한 부각시킨다. 진번·임둔

두 군은 바로 없어졌음에도 이 용어는 한사군으로 바뀌지 않고 그대로 쓴다. 남은 두 군 중 현도는 원래 위치에서 세 번이나

밀려났으며 3개의 현밖에 없는 작은 군이지만 그 부제는 한결같다. 낙랑군 하나 남아 겨우 명맥을 유지했으나

그마저도 당초 25개 현을 가졌던 것이 4세기 초에는 기우 6개 현밖에 없던

초라한 군이었다. 그렇다면 남은 두 군이 최대로 겪었을 때도 그 땅이 과연 얼마 깊음

정이며 설령 그곳이 북한 지역이었다 하더라도 북한 지역의 어느 정도나 차지했을 것인가? 이병도는 4군의

모든 현들이 당초 북한 지역 전세에 어떻게 분포했는지를 세세히 연구하는 대 점은 시절 모든 정력을 쏟았다고

스스로 고백했다. 그러나 낙랑마저도 저의 밀리난 후대의 상황은 외면했다. 왜일까?

만권당

"어찌 서기전 2000년이 넘는 단군을

서기전 600년부터 시작하는 일본 시조의 동생이라 하느냐?

누가 이런 거짓말을 믿겠느냐?"

– 백암 박은식(임시정부 2대 대통령)

매국사학자들이여,
언제까지 못된 짓을 계속할 것인가

바야흐로 역사전쟁의 시대다. 흘러간 역사는 단순한 과거가 아니라 현재와 긴밀하게 연결되어 있는 유기체일 뿐 아니라, 미래를 열어가는 지혜를 알려주는 보물창고이다. 일본은 극우적 사고를 가진 아베 정권이 들어선 이래 한국과의 과거사 문제가 중요한 외교 현안으로 등장하고 있다. 다른 이웃인 중국은 동북공정이라는 이름으로 역사를 왜곡하며 영토에 대한 야욕을 드러내고 있는 가운데, 드디어는 국가 주석 시진핑이 "한국은 중국의 일부였다."며 속내를 드러내고 말았다.

이처럼 치열한 역사전쟁의 시대에 우리 역사학계는 과연 어떻게 대처하고 있는가? 한마디로 말하면 일본이나 중국의 침략주의 역사관에 대처하기는커녕 오히려 그들의 앞잡이 노릇을 하며 우리의 역사주권을 그들에게 넘겨주고 있다. 무슨 말인가 하면, 일제 식민사학자들이 조선을 식민 지배하기 위해 우리의 고대 역사를 말살한 것과 똑같은 매국적 역사관을 광복 70년이 넘은 오늘날까지 따르고 있는 것이다.

또한 중국에서 중화사관에 따라 자행하고 있는 이른바 동북공정 논리까지 추종하고 있으니, 어떻게 이런 일이 있을 수 있는지 일반 국민들은 이해할 수가 없을 것이다. 고대사 학계 전체가 우리의 찬란하고 위대했던 역사를 초라하고 남의 지배나 받았던 역사였다고 일제나 중국에서 조작한 역사를 진실이라고 국민 전체를 속이고 있다. 이런 학계의 매국사관에 대항하여 민족사학자들이 일제 강점기에 독립운동과 병행하여 투쟁해왔으며, 광복 이후도 계속해서 싸우고 있지만 이미 학계를 점령한 매국적 사학자들이 기득권을 누리고 있는 것이다.

우리 고대사의 참 모습이 어떠했는가, 그리고 이 땅의 매국사학자들이 얼마나 못된 짓을 계속하고 있는지는 본문에서 상세히 밝히고 있으므로 머리말에서는 굳이 언급하지 않겠다. 불행 중 다행인 것은 민족사학자들의 꾸준한 노력에 힘입어 매국사학계도 이제 예전처럼 호시절은 지나갔다는 위기감에 빠져 있다는 점이다. 이를테면 일본과 중국의 역사 왜곡에 대처하라고 만든 동북아역사재단이 대처하기는커녕 그들의 하수인이 되어 있다는 사실이 국회의 동북아역사왜곡대책 특별위원회에서 드러나, 추진 중이던 동북아역사지도 편찬 사업에 제동이 걸린 것이 그 하나다.

또한 한 민족사학자가 고려대의 한 교수를 식민사학자라고 비판했는데, 이것이 자신에 대한 명예훼손이라고 고소하여 법정까지 갔지만 사필귀정이라는 말대로 그는 최종적으로 패소함으로써 자신이 식민사학자임을 스스로 증명하고 말았다. 참으로 다행한 일이요 이 나라에 정의가 살아 있다는 엄연한 사실을 보여준 뜻 깊은 일이었다.

이렇게 입법부나 사법부에서 역사 전문가가 아닌 국회의원이나 판사들까지 매국사학의 추잡한 행태를 알게 되었으니 이제는 주무부서인 교육부가 나설 차례다. 문재인 정부의 교육부 장관은 이런 사실을 한시라도 빨리 파악하여 하루빨리 매국사학을 뿌리 뽑는 과감한 조치를 취해야 할 것이다. 끝으로 주요 언론들은 그동안 민족사학자들을 백안시하고 매국사학을 일방적으로 옹호하던 작태를 진심으로 반성하고 교육부 장관이 올바른 판단을 할 수 있도록 공정한 보도를 해주기를 간절히 바란다.

2017년 9월
황순종

차례

제2부 위기의 매국사학, 그들만의 생존술

● 제1부 ●

매국사학의 거짓말

19쪽 vs 1,000쪽,
누가 고조선 권위자일까

고조선의 모든 것을 집대성한 『고조선 연구』에서 윤내현은 고조선이 대국으로서 그 영토가 한반도만이 아니라 오늘날 만주 대륙 전반에 미쳤으며, 선진국으로 사회·문화 등 모든 면에서 중국보다 앞선 수준이었음을 중국과 우리나라 1차 사료를 두루 섭렵하며 합리적으로 논증했다. 이런 결론에 이르기까지 그는 중국의 역사서와 고고학 자료 120여 권, 학자들의 논문과 저서 300여 권 등, 총 400권이 넘는 자료들을 섭렵했다.

하지만 학계에서는 그의 획기적인 연구 성과에 대해서는 어떤 평가나 비판도 하지 않고 굳게 입을 다물었다. 그들이 윤내현을 비난하는 이유는 다음 2가지다.

첫째, 윤내현은 중국사를 전공했으니 정통 국사학자가 아니다.

둘째, 윤내현은 북한의 학자와 똑같은 주장을 한다.

지나가던 개도 웃을 소리다. 고조선의 이웃 나라인 중국의 고대 사서에 고조선에 관한 내용이 들어 있는 것을 발견하고 그 내용을 토대로 고조선에 관한 새로운 역사적 사실을 밝혀냈는데 그 성과를 칭찬하기는커녕 '정통 국사학자'가 아니라고 비난하는 것이 말이 되는가? 또한 여러 자료를 토대로 연구하여 끌어낸 결론이 북한 학자와 같다는 이유로 '용공' 운운하는 것이 과연 제대로 된 학자의 자세인가?

참고로 윤내현이 중국 고대의 문헌 사료를 접한 곳은 하버드대학 옌칭도서관이었으며, 당시는 우리나라가 중국과 수교를 하지 않았던 시기였다(윤내현이 도서관에서 자료를 본 시기는 1980년대 초였고, 대한민국이 중국과 수교를 맺은 것은 1992년이다). 윤내현은 2015년에 펴낸 개정판 『고조선 연구』 머리말 끄트머리에서 담담하게 소회를 밝히고 있다.

> "필자는 1979년부터 1981년까지 하버드대 인류학과 객원교수로 연구할 기회가 있었다. 그때 하버드 옌칭도서관이 소장하고 있는 고조선에 관한 방대한 중국 사료들과 리지린을 비롯한 북한의 여러 역사학자들의 저서 및 논문을 보고 자극을 받았다. 그때의 자극이 필자로 하여금 평생 이 길을 걷게 한 원동력이었는지도 모른다."

윤내현은 담담하게 '자극'이라고 표현했지만 당시 심경은 '충격' 또는 '흥분'에 훨씬 가까웠을 것이다. 학자로서 새로운 자료를 발견하여 설레는 마음을 억누르지 못하고 열심히 연구를 하여 훌륭한 성과물을 제시했는데, 그것을 '한없이 투명에 가까운' 연구 취급하는 것이 과연 학자라는 사람들이 취할 올바른 태도인가?

고조선에 관한 윤내현과 이병도의 연구를 비교해보자. 단순 양적 비교는 무리일 수도 있다. 그러나 엄정한 학문의 세계에서 논문 수나 분량은 학자의 연구 수준을 가늠케 하는 하나의 중요한 잣대가 된다. 이른바 '국사학계의 태두'로 군림한 이병도는 고조선에 대해 얼마나 연구했을까? 그는 『한국고대사연구』라는 책을 1975년에 처음 냈는데 그 제1편이 '고조선 문제의 연구'이다. 이병도의 고조선에 관한 연구는 이것이 전부이며, 2012년에 나온 그의 전집에서 보면 이 부분은 19쪽에 불과하다. 반면 윤내현의 『고조선 연구』는 1,000쪽이 넘는다(2015년 개정판 기준). 19쪽 vs 1,000쪽. 이병도가 고조선에 할애한 19쪽이라는 초라한 쪽수에서 그의 입장이 극명하게 드러난다. 그는 윤내현처럼 고조선의 실체를 제대로 밝히기 위해 연구한 것이 아니라 사실은 고조선을 없애기 위해 연구를 포기한 것을 의미하기 때문이다.

윤내현의 연구는 엄밀한 사료의 해석에 근거한 것으로 역사적 진실에 근접한 것이다. 고조선이 만주 일대를 아우른 대국에 2,000년이나 지속한 세계적으로 드문 나라였다는 사실은 우리 역사에서 가장 주목해야 하는 핵심적인 내용이다. 그렇기에 일제는 한사코 고조선의 실체가 드러나지 않게 하기 위해 어용학자들을 총동원한 것이다. 그들의 식민 지배를 위한 우리 역사의 말살과 조작이 조선총독부를 축으로 진행되었으니 이른바 식민사관이 그것이다.

일제의 식민사관은 한마디로 오래되고 화려했던 우리 고대사의 흔적을 지우고 자기들보다 열등하고 미개한 역사로 조작하여, 그들이 우리를 지배하여 우리 사회를 선진적으로 개조해준다는 정치적 선전을 위한 것이었다. 이러한 목적으로 제일 먼저 나온 것이 국조 단군을 신화로 전락시키고 고조선 역사 2,000년을 싹둑 잘라버린 것이다.

단군을 실재했던 조상이 아니라 신화의 산물이라고 그들이 주장하는 근거는 『삼국유사』에 나오는 단군왕검의 탄생에 관한 이야기이다. 그 내용을 요약하면 하느님의 아들 환웅이 사람으로 변해 지상에 내려왔는데 사람이 되기를 원하는 곰과 호랑이가 있었으나, 곰은 동굴에서 마늘과 쑥만으로 잘 견뎌내어 여자인 웅녀가 되었으며, 환웅이 웅녀와 혼인하여 단군을 낳았다는 것이다. 그러나 이정도의 이야기를 신화로 단정하는 것은 학문적 주장이라고 할 수 없다. 하느님의 아들이 사람으로 변했다는 것은 시조를 신성시하는 관점에서 그렇게 표현한 것에 불과하다. 웬만한 나라들의 건국 시조들은 하늘의 아들이 아닌 경우가 드물다. 그리스나 로마 신화처럼 수많은 신들이 살았다는 것은 신화지만 어찌 이 정도를 신화라고 배척할 수 있는가?

그것이 설령 다소 신화의 형태를 띠었다 하더라도 그 내용을 부정하기보다는 합리적으로 해석하는 것이 역사학자의 몫임은 상식에 속한다. 또 『삼국유사』의 곰과 호랑이 이야기는 곰과 호랑이를 부족의 상징으로 삼는 예(濊)족이나 맥(貊)족 등 우리 조상의 나라를 상징적으로 나타낸 것으로 보는 것이 합리적이며, 이런 부분을 신화라고 할 수는 없을 것이다. 일제의 입장에서는 자기들보다 1,600년이나 이른 고조선의 역사를 어떻게든 부정해야만 하는 절박한 처지였던 것이다.

단군의 탄생 이야기를 백 보 양보하여 신화라 하더라도 그가 고조선을 건국했다는 기록까지 신화일 수는 없다. 『삼국유사』는 그 건국 시기가 중국의 요(堯) 임금 때(서기전 24세기)라고 기록했는데, 그 근거로 중국과 우리의 옛 사서에 그렇게 기록되어 있다고 명백하게 밝히고 있다.

> "『위서(魏書)』에서 말하기를, '지금으로부터 2,000여 년 전에 단군왕검(檀君王儉)이 있어 아사달에 도읍하고 나라를 개창하여 나라 이름을 조선이라고 했는데, 요 임금과 같은 시기이다'라고 했다."

중국의 『위서』라는 책을 인용해 단군왕검이 요 임금 때(서기전 24세기) 조선이라는 나라를 세웠다고 했다. 『삼국유사』는 이어 우리의 『고기(古記)』를 인용해 비슷한 내용을 전했는데 이렇게 썼다.

> "환웅이 이에 사람으로 변해서 웅녀와 혼인해 아들을 낳았는데 단군왕검이라고 불렀다. 당(唐)의 요 임금이 즉위한 지 50년인 경인(庚寅)년으로 평양성에 도읍하고, 처음 조선이라고 칭했다."

여기서는 조선의 건국 시기를 요 임금 50년(서기전 2333)이라고 더욱 명확히 밝혔다.

역사는 후대의 학자가 상상으로 알 수 있는 것이 아니라 이전의 역사서에 기록된 것을 토대로 판단할 수밖에 없다. 그러므로 현대의 학자가 『삼국유사』의 고조선 건국 시기를 부정하고 싶다면 다르게 기록되어 있는 문헌을 근거로 제시해야 한다. 그러나 다른 문헌의 근거가 없는데도 식민사학에서는 신화라고 하면서 무조건 부정한다.

그리고 고조선의 건국이 서기전 24세기가 아니라 기껏해야 서기전 10세기 이후라고 하면서 그 근거로 청동기시대의 유물을 제시한다. 청동기시대에 비로소 국가라 할 수 있는 조직이 생겨났다고 하면서, 한반도 북부와 오늘날 랴오둥(요동) 지역에 이 시기에야 청동유물이 나타나므로 고조선이 이 무렵에 건국되었다고 주장한다. 그러나 이 주장에는 큰 맹점이 있다. 그것은 이웃한 중국이 이미 서기전 24세기에 국가가 형성된 청동기시대였다는 것이다. 이웃한 두 나라가 있는데 하나는 서기전 24세기에 청동기국가였고, 그 옆의 나라는 그보다 무려 1,400년이나 늦게 청동기국가가 되었다는 것이다. 상식적으로 말이 되는 소리인가?

청동기 유물에 대해서도 그 시기에 대해 유력한 반대설이 있다. 윤내현은 1994년에 초판을 출간한(2015년 개정판 출간) 『고조선 연구』에서 서기전 25세기의 청동기 유물이 한반도에서 출토된 사실을 밝혔다. 이 연대는 과학적인 방사성탄소연대측정법에 의한 것이다. 과학이 역사적 사실을 증명한 것이다. 그러나 이에 대해 학계에서는 침묵으로 일관하고 있다. 학문적·논리적으로는 대응할 수 없기 때문에 꿀 먹은 벙어리처럼 비판은 못하면서 자기들의 헛된 주장만 반복한다. 남의 비판에 대응하지 못하는 일방적인 주장이 학문이 될 수 없는 것은 두말할 필요가 없으니, 자기들의 학문이 잘못임을 스스로 알기 때문인 것이다.

이병도는 발해를 어떻게
황해로 둔갑시켰는가?

　이병도가 고조선에 대해 연구한 부분은 딱 2가지다. 하나는 단군이 '신화'(그는 '설화'라고 표현했지만 실재한 역사가 아니라는 면에서 신화와 다를 바가 없다)라는 것이며, 다른 하나는 그 도읍지가 북한의 평양으로서 반도의 소국이었다는 것이다. 일제의 식민사관을 그대로 추종한 것에 불과한 것이다. 고조선에 대해 논할 필요는 없지만 '반도사관'만은 설명하여 국민들을 속여야 했기 때문이다.

　『삼국유사』는 단군의 도읍지가 아사달 또는 평양이라고 했는데, 이병도는 이 두 곳이 같은 곳이며 오늘날 북한의 평양이라고 주장했다. 그리고 그 근거로 고려시대 이후 우리 역사서인 『동국통감』, 『동국여지승람』 등을 제시했는데 그것들은 모두 고조선 말기로부터 따져도 1,200년 이상 지난 후대의 역사서이다.

고조선에 관한 당대의 1차 사료는 중국 한(漢)나라 무제 때의 유명한 역사가 사마천(司馬遷)이 쓴 『사기(史記)』로서, 그 책의 「조선열전」에 고조선 말기 위만조선에 관한 내용이 비교적 상세하다. 이병도가 당대의 사료인 『사기』를 쏙 빼고 1,000년도 더 지난 우리 사서만을 근거로 내세운 이유는 명백하다. 『사기』에 고조선이 대륙에 있던 대국이었다는 증거가 기록되어 있어 자신의 반도사관이 거짓말이라는 것이 단박에 탄로 나기 때문이다.

사마천의 『사기』 「조선열전」은 그가 살아 있을 때 한 무제가 위만조선을 침략하여 항복시키고 그 땅에 한의 낙랑군 등 4군을 두었다는 내용인데, 당시 두 나라의 경계였던 패수와 낙랑군 등 이른바 한사군의 위치를 알 수 있는 매우 귀중한 기록이다. 결론부터 말하면 패수와 낙랑군 등은 모두 오늘날 중국의 보하이(발해渤海)만 서안의 톈진(천진天津)과 그 일대이다. 이 결론은 민족사학 진영에서도 다소의 견해 차이는 있지만, 그곳이 대륙이지 한반도가 아니라는 점에서는 모두 일치한다.

반면에 식민사관이나 매국사관에서는 패수나 낙랑군 등이 한반도 북반에 있었다고 한목소리로 말한다. 즉 패수는 오늘날 압록강·청천강·대동강 등으로 보고 낙랑군은 평양을 중심으로 한 평안도·황해도였다고 입을 모은다. 학문이란 다양한 설이 나와야 함에도 불구하고, 일제 강점기부터 지금까지 100년이 넘도록 반도사관 하나만 학계에 통용된다는 것은 무슨 의미인가? 그것은 자유롭게 논쟁할 수 있는 대상이 아니라 아무도 감히 건드릴 수 없는 성역이라는 뜻이 아니겠는가?

필자는 첫 저작인 『동북아 대륙에서 펼쳐진 우리 고대사』(2012)의 부록으로 반도사관이 틀렸다는 증거를 30가지 넘게 열거하고 간략히 논한 바 있다(『관자』·『산해경』 등 고조선에 관한 14가지 자료, 『사기』『춘추좌전』 등 기자 및 위만에 관한 10가지, 『한서』와 『후한서』의 「지리지」 등 중국의 동북 군현에 대한 7가지 자료를 고증함). 그러나 여기서는 그중 『사기』「조선열전」에 기록된 두어 가지 예만 들어보겠다.

첫째, 위만이 중국에서 고조선으로 망명할 때 '동쪽으로' 패수를 건넜다고 했다. 그런데 만약 학계의 주장이 옳다면 압록강 등 한반도의 강을 '남쪽으로' 넘어와야 고조선의 도읍이라는 평양에 이르게 된다. 그러므로 위만이 평양에 도읍했던 고조선을 멸하고 위만조선을 세웠다는 것은 거짓에 불과하며, 고조선의 도읍은 오늘날 평양이 아닌 다른 곳에 있었음을 알 수 있다.

둘째, 한 무제는 위만조선을 치기 위해 육군대장 순체를 보내는 한편 해군대장 양복에게 5만의 병력으로 육군을 돕게 했다. 양복은 발해(오늘날 중국의 보하이)에 떠서 목적지인 열구(列口)라는 곳에 상륙했는데, 거기에 상륙한 이유는 위만조선의 도읍인 왕험성에 가까운 곳이었기 때문이었다. 왕험성이 오늘날 평양이었다면 해군이 대동강으로 와야 한다. 그러려면 중국에서 '황해(서해)'를 건너와야 하는데 그렇지 않고 '발해'로 나아갔다고 했다. 그러므로 위만의 도읍은 당시 한반도가 아니라 발해 쪽의 대륙에 있었던 것이다(〈지도1〉 참조).

사정이 이러하므로 이병도는 이 발해에 '(황해)'라고 써넣어 마치 대동강 쪽으로 온 것처럼 거짓으로 설명했다. 원 사료의 내용을 자신의 미리 정해놓은 입장에 유리하게 거짓으로 조작하는 것은 학자

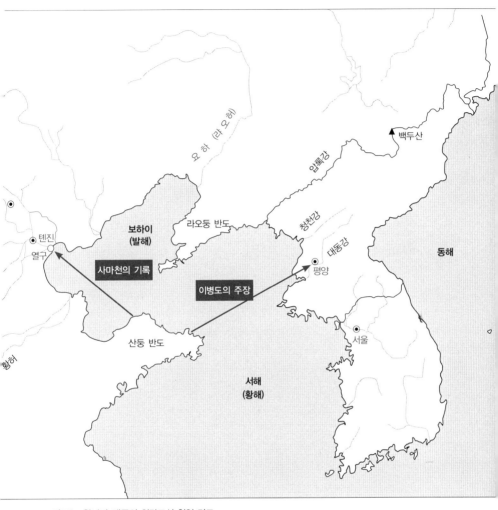

지도1 한나라 해군의 위만조선 침입 경로.

로서 절대 해서는 안 될 일이지만, 실증사학을 한다는 이병도는 일본 식민사학자들의 전용 수법인 이런 사료 조작을 수없이 저질렀다.

둘째, 위의 해군이 상륙했던 열구는 위만조선이 항복한 뒤 낙랑군의 여러 현 가운데 하나가 되었다. 열구라는 이름은 열수라는 강의 하구라는 뜻인데 위에서 본 대로 학계에서는 대동강 하구라고 설명한다. 그러나 낙랑군에 있던 열수나 위에 언급한 패수는 북한 지역의 강이 아니다. 중국의 많은 옛 역사서에는 열수나 패수가 '요동'에 있다고 입을 모은다. 평양 부근이 '요동'일 수는 없으므로 두 강이 북한에 있었다는 주장은 명백한 거짓이며, 사료를 무시하는 비학문적이고 비양심적인 것이다.

기자국과 위만조선,
변방에서 생긴 일

위에서 고조선과 위만조선에 대해 간략하게 보았으나 두 조선의 관계를 명확하게 알아야 하며, 또 위만조선 앞의 기자국(箕子國)과의 관계도 마찬가지다. 기자국은 예전에는 기자조선으로 불렸다. 기자국은 서기전 12세기에 중국 은(殷)나라 사람인 기자(箕子)가 고조선으로 망명하여 서쪽 변방의 거수로서 다스린 나라다. 고조선이 거느리고 있던 수많은 거수국 가운데 하나에 불과했던 것이다. 그런 거수국을 '기자조선'이라고 부르면 고조선과 혼동을 초래하므로 기자국으로 고쳐 부르는 것이다.

이 기자국을 서기전 2세기에 중국에서 망명 온 위만(衛滿)이 빼앗아 다스렸는데 사마천은 『사기』에 이 거수국을 '위만조선'이라고 기록해, 역시 고조선과 혼동할 여지를 남겼다. 그러나 위만조선 역시 고조선의 거수국임은 변함없다. 당시에는 고조선이 나라 이름을 고쳐서 대부여 또는 진국(辰國)으로 불렀다는 사실을 잘 몰라서 혼동하는 것이다. 윤내현의 명확한 설명을 보자.

> "단군조선(고조선)의 뒤를 이은 세력은 기자조선이나 위만조선 또는 한사군이 아니라 단군조선 내부의 지방 세력이었다가 독립한 동부여·고구려·읍루·동옥저·동예·최씨 낙랑·한(韓) 등 여러 나라였던 것이다. …… 기자국·위만조선·한사군은 단군조선과 중국의 국경지대에서 일어났던 사건으로 취급되어야 한다.
>
> 우리 고대사 체계의 잘못은 매우 중요한 문제를 낳는다. 그것은 우리를 주체적인 역사 전개의 능력이 없는 민족으로 전락시키고 있다. 우리 민족이 세운 단군조선은 중국에서 망명한 기자로 말미암아 교체되고, 기자의 후손인 준왕은 중국에서 망명한 위만에게 정권을 빼앗기고 말았으며, 그 뒤 위만조선을 멸망시킨 중국은 그 땅을 자신들의 영토로 만들어 그곳에 그들의 행정구역인 낙랑군·임둔군·진번군·현도군 등 네 군을 설치했다는 것이 된다. 그렇다면 우리 민족은 기자가 망명해 온 서기전 1100년 무렵부터 낙랑군이 축출된 313~315년 무렵까지 무려 1,400년 동안 중국인들의 지배를 받았다는 것이 된다."
>
> ― 윤내현, 『우리 고대사, 상상에서 현실로』, 만권당, 2016, 232~233쪽

이 부분은 매우 중요하다. 기자나 위만이 중국 망명인으로 고조선의 서쪽 변방의 거수가 되어 거수국을 다스렸지만 고조선은 여전히 큰 나라로 존속하고 있었다는 것이다. 그런데도 일제의 식민사학과 이 땅의 매국사학에서는 위만이 고조선을 통째로 빼앗아 계승했다고 하면서 고조선의 실체를 없애기에 안간힘을 쓴다.

우선 기자국에 대해 보면 『사기』에 주나라 무왕이 기자를 '조선'에 봉했다고 했다. 그런데 이 조선은 고조선을 말한 것이 아니고, 『사기』의 주석서에 먼 훗날 한 무제가 두었다는 낙랑군의 치소인 '조선현'이라는 작은 고을을 말하는 것이라고 설명한다. 비록 작은 고을이지만 엄연히 고조선 땅인데 주나라에서 봉했다는 것은 중화사관에 따른 사마천의 거짓말이다.

그러므로 사마천은 이어서 "(기자가 주나라의) 신하는 아니었다. 그 뒤 기자는 주나라 조정에 알현하였다."고 썼다. 기자는 우리 조상, 즉 동이족인 은나라의 충신으로 주나라가 싫어서 동족의 나라 조선으로 도망간 것인데, 주나라의 봉작을 받았다는 것은 이치에 맞지 않기 때문에 '신하는 아니었다'라는 모호한 말로 얼버무리고는 또 뒤에 '주나라에 알현했다'는 거짓을 추가했다.

한편 중국의 기록에는 기자의 무덤이 오늘날 중국 산둥성에 있다고 말하고 있는데, 이로 미루어 보면 기자가 조선으로 과연 망명을 왔는지도 불확실하다. 그런데 정작 중요한 문제는 고려에서 근세조선을 거쳐 철저한 유교 위주의 사대주의가 지배하면서 기자를 고조선의 실질적인 시조로까지 내세우는 한심한 지경이 되었다는 점이다. 기자를 은(殷)나라의 현인 3명 중의 하나로 칭송한 공자의 말 때문에, 이 나라에서 기자는 백성을 교화하고 산업을 일으킨 성인 군주로 재탄생한 것이다.

재미있는 것은 일제 식민사학이나 이 땅의 매국사학에서는 근세 조선의 유학자들이 우리의 시조로 떠받든 기자가 조선에 온 일이 없다고 잘라 말한다는 점이다. 필자가 언급했듯이 기자가 오지 않았을 가능성도 많은데, 문제는 이를 부정하는 그들의 속내다. 그들은 고조선이 서기전 10세기에야 건국되어 서기전 2세기에 위만에게 망했다고 해왔는데, 고조선이 건국되기도 전인 서기전 12세기에 기자가 와서 고조선을 접수했다고 말할 수가 없는 것이다.

국조 단군을 부정하고 중국에서 온 위만이 조선을 접수한 것을 사실상 우리 역사의 시작으로 보는 그들의 매국사관은 조선 유학자들의 사대사관과 하나도 다를 것이 없다. 그 전의 기자도 중국에서 왔으니 그를 인정하면 우리가 외국인으로부터 이중으로 지배를 받은 것이니 자기들 입맛에 딱 맞을 텐데, 부정해야 하니 얼마나 아쉽겠는가?

다음으로 위만조선은 기자국을 접수한 뒤 중국의 경제적·군사적 지원을 받아 단시간에 고조선의 다른 거수국들을 병합해 상당한 대국이 되었지만, 여전히 그 동쪽에 고조선은 진국이라는 이름으로 존재하고 있었다. 그러나 이병도는 이 동쪽의 진국(辰國)이 고조선이 아니라 진한(辰韓 : 신라의 전신)이라고 거짓말을 했다. 이병도는 위만조선이 평양에 있었다고 주장하며 그 동쪽에는 옥저와 예가 있었기 때문에 진국이 있을 수 없다는 것이다. 그래서 '동쪽에 있다고 기록된 것이 정동쪽이 아니라 '동남쪽'의 진한이라고 속였다. 진한과

진국은 분명히 다른 나라인데도 자기 뜻대로 반도사관에 맞추기 위해 방향을 틀어 억지를 부린 것이다.

숙신,
오랑캐로 전락하다

앞에서 언급한 대로 고조선은 중국 대륙을 거의 아우른 유일한 강대국인 동시에 경제·사회·문화 등 모든 면에서 최고의 선진국이었다. 이제 고조선의 이러한 역사를 구체적으로 알아보자. 이병도 이후 학계는 문헌에 나타난 고조선이 중국 춘추시대인 서기전 8세기임을 강조한다. 그러나 이것은 그들이 고조선이 약소국이라는 관념을 심어주기 위해, 서기전 24세기부터 문헌 기록에 보이는 '숙신(肅愼)'을 마치 우리와 다른 민족인 것처럼 속이는 것이다. 그러나 이 숙신이 바로 '조선'의 다른 이름임을 알아야 한다.

중국인들이 단군왕검의 나라 이름을 한문으로 표기하면서 원래는 주로 숙신이라고 불러왔는데, 사마천 이후에는 숙신보다 조선이라는 이름을 주로 쓴 것이다. 신채호는 우리말로 '주신'인 원래의 나라 이름을 중국인들이 발음이 비슷한 '숙신' 또는 '조선'으로 표기한 것이라고 설파했다. 우리는 '주신'이라는 옛말을 잃어버렸지만, 여진족의 후예인 만주족에는 이 말이 살아 있는데 만주족이 세운 청나라 때의 『만주원류고(滿洲源流考)』에 따르면 '만주에 속한 것'을 총칭해서 주신(珠申)이라고 한다. 이와 같이 만주를 주 무대로 했던 주신을 중국에서 기록하면서 숙신이나 조선으로 변한 것인데, 지금도 외국의 이름을 음이 비슷한 하나 이상으로 달리 부르는 경우가 이러한 예가 된다.

단군의 나라인 숙신은 중국의 기록에 순 임금 때 처음 기록에 보인다. 앞에서 순 임금 바로 전인 요 임금 때(서기전 2333년) 조선이 건국된 것을 보았는데, 이 숙신이 얼마 후 바로 기록에 보이는 것은 단군의 나라였던 것을 알게 한다. 그리고 중국에서 숙신을 '동북쪽의 이(夷)족'이라고 하여 우리 선조인 동이족임을 알 수 있다. 그러므로 신채호나 정인보 같은 민족사학자나 북한의 리지린, 그리고 중국의 손꼽히는 석학 푸스녠(부사년傅斯年) 등이 모두 '숙신=조선'임을 밝혔다.

숙신이 조선이라는 구체적인 예는 많다. 공자가 살던 춘추시대에 매 한 마리가 활에 맞아 떨어졌는데 공자는 이 화살이 숙신의 것이라고 했다. 숙신의 활과 화살은 당시 첨단 무기로 유명세를 떨쳐 중국에서는 이를 매우 갖고 싶어 했는데, 당시 숙신이 공자의 노(魯)나라에서 멀지 않은 대륙에 있었음을 알 수 있다. 또 동이족은 예로부터 성능이 뛰어난 활과 그로 인한 명궁이 많은 것으로 이름을 날렸는데, 대표적인 나라로 숙신을 언급한 것을 보면 이 숙신이 곧 조선을 가리키는 것이다.

더욱 결정적인 사실은 '숙신'으로 기록한 경우나 '조선'으로 기록한 경우를 비교해보면, 그 위치가 중국의 북쪽과 동쪽에 걸친 같은 대륙임이 드러나 위에서 공자가 말한 같은 동이의 종주국임을 알 수 있다는 점이다. 이처럼 명백한 여러 문헌 자료들을 제대로 해석하지 않고 매국사학자들은 숙신이 읍루·말갈·여진·만주족으로 이어지는 족속이라고 우리와의 관계를 단절시켜버리고, 위치도 북만주 일대로 멀리 떼어놓는다. 매국사학 3세대의 대표 주자로 최근에 일선에서 물러난 송호정(한국교원대 교수)의 거짓말을 보자.

> "기원전 7세기 이전 숙신은 북경(베이징) 동북 지방에 존재했다
> 하더라도 기원전 8~7세기를 전후한 춘추시대 이후에는 길림
> 성(지린성) 동북 일대로 이주한 것으로 보인다."
>
> — 송호정, 『한국 고대사 속의 고조선사』, 푸른 역사, 2003, 49쪽

위에서 공자가 숙신의 활을 언급한 이후로 숙신은 멀리 지린성 북쪽으로 이주했다고 했다. 그러나 송호정의 말과는 달리 『사기』 「사마상여열전」에는 숙신이 서기전 1세기 한나라 때도 여전히 오늘날 산둥성 지역에 있어, 제(齊)나라의 동북쪽에 인접해 있었다고 기록되어 있다. 이병도에서 송호정에 이르기까지 매국사학자들은 이런 자료는 모르는 척하고 실증이 아닌 거짓으로 숙신이 옮겨왔다고 주장한다. 또 숙신의 종족에 대해 이렇게 말한다.

> "…… 종래 중국 정사상에는 상·주대의 숙신을 여진족의 선

조로 인정하고 있으며 현재도 일반적으로 이렇게 인정하고
있다. 따라서 신채호나 북한 학계의 주장처럼 숙신과 조선이
발음과 명칭상 유사하다는 점만을 근거로 내세워 고조선과
동일한 실체로 보는 것은 잘못이다."

– 위와 같음, 50쪽

중국에서 일반적으로 숙신을 여진족의 선조라고 한다면서, 민족
사학자들의 숙신=조선 주장이 잘못이라고 했다. 그러나 자신이 옳
다면 왜 숙신이 멀리 옮겨왔다는 문헌의 근거가 없는데도, 옮겨왔다
고 거짓 주장을 할 필요가 있는가? 또 중국에서 일반적으로 주장
하는 것도 근거를 제시하지 않고 중화사관에 입각해 왜곡을 한 것
인데 이런 것을 밝히지 않고, 푸스녠 같은 석학이 명확하게 사료로
주장한 것은 외면하는 이유가 무엇인가? 푸스녠은 이렇게 말했다.

"사마상여의 「자허부」에, '제나라가 동북쪽으로 숙신과 경계
하고 있다'고 한 것에 의하면, 옛 숙신은 당연히 한나라 때의
조선으로, 후세의 읍루와는 관계가 없다."

– 푸스녠, 「이하동서설(夷夏東西說)」, 『푸스녠 전집』 제3책, 연경출판, 1980.

숙신은 산둥성에 있었으므로 후세에 지린성 북부에 있었다는 읍
루나 여진족과는 관계가 없다는 명쾌한 설명이다. 그는 「자허부」라
는 근거를 대고 실증적 방법으로 주장한 데 비해, 춘추시대 이후
옮겨갔다는 송호정은 근거를 제시하지 않았기 때문에 지어낸 거짓

이며 실증이 될 수 없다.

위에 본 것처럼 고조선은 오래되고 큰 나라로 대륙이 주 무대였다. 고조선은 최고 통치자 단군 아래 2명의 한을 두고 전국을 9부로 나누어 다스렸다. 3명의 한은 진한·마한·변한을 말하는데 이중 진한은 단군이 겸했으며, 지도자의 명칭이던 3한은 후에 그 이름대로 나라 이름이 되었다. 정치적인 면을 자세하게 서술하는 것은 많은 지면이 필요하므로, 여기서는 고조선이 수많은 거수국(제후국)을 거느린 막강한 나라였다는 점만 간략히 설명하겠다.

『시경(詩經)』을 보면 '한후(韓侯)'라는 통치자를 칭송한 「한혁(韓奕)」이라는 시가 있다.

"한후(韓侯)는 연나라의 사위이니 한후의 처는 (주나라) 분왕(汾王)의 조카요······

커다란 저 한(韓)의 성(城)은 연나라 군사들이 완성한 것,

선조들이 받은 천명을 따라 백(百)이나 되는 만(蠻)족의 나라들을 다스리신다.

(주나라의) 왕은 한후에게 추(追)나라와 맥(貊)나라까지 내려주었다.

북쪽의 나라들을 모두 맡음으로써 그 지역의 최고 통치자가 되었다.

성을 쌓고 해자를 파며 농토를 정리해 세금을 매겼다.

예물로 비휴(貔貅) 가죽과 붉은 표범 누런 말곰 가죽 바치었도다."

– 『시경』 '한혁'에서

한후라는 이름으로 보면 마치 중국의 제후처럼 표현했지만 서기전 11세기~서기전 9세기 당시 주나라에 한(韓)이라는 제후국은 없었다. 따라서 이는 고조선의 3한 가운데 변한으로 볼 수 있다. 이 한후는 예(穢)·맥(貊)·엄(奄)을 비롯해 100개나 되는 나라를 다스린 막강한 통치자였다. 그 나라에 예·맥·엄이 포함되므로 한후는 고조선의 지도자(3한 중 변한)임이 드러난다. 이와 같이 수많은 거수국을 거느린 고조선을 매국사학에서는 밝혀내기는커녕, 예·맥 등과 같은 급의 약소국으로 취급해버린다.

　이 시는 한후의 나라에 대해 수려한 자연 환경이나 풍족한 생활 등 찬사를 아끼지 않았으며, 정치·외교적 측면에서는 주나라 왕실에서 왕녀를 보내 한후와 혼인을 맺는 동시에 제후국인 연나라의 병사들을 보내 한후의 성을 쌓아주는 등 고조선이 막강한 정치력을 가진 나라로 묘사했다. 그런데 이병도는 이러한 한후가 고조선의 신 지배세력이라 하며 이렇게 설명한다.

　　"이 신 지배사회는 중국문화, 특히 청동기문화의 영향을 농후히 받아 진보된 조직을 갖고, 또 전국시대에 주 왕실이 쇠하여 연나라가 왕을 칭하자 조선후(군장)도 왕을 칭하면서 주실을 받들었다는 것이 『위략』에 보인다. 아마 이에 앞서 아사달 사회의 신 지배자는 아사달의 칭호를 아역(雅譯)하여 조선이라 일컫고, 『위략』에 '조선후'니 '이존주실(주 왕실을 높임 : 필재)'이니 한 것을 보면, 후세의 사례로 보아 실제 정책상 주 왕실로부터 제후의 봉작을 받았는지도 모르겠다. 그리고 이때 조선 왕실

에서는 이미 중국식으로 창씨(創氏)하여 한(韓) 씨라고 한 사실

이 또한 문헌에 나타나고 있다."

— 이병도, 『한국고대사연구』, 한국학술정보, 2012, 54쪽

『시경』의 한후는 막강한 군주로 주나라가 제후국으로 보일 정도로 많은 나라를 다스렸다고 했는데도, 이병도는 이를 반대로 주나라의 봉작을 받은 제후로 인식하고 주나라의 선진 문화를 받아들이고 심지어 중국식으로 한씨로 창씨했다는 억설을 서슴지 않는다. 역사학자라는 사람이 '한(韓)'이 지도자의 호칭이라는 것도 모르는 무지를 만천하에 자백했을 뿐 아니라, 일제 강점기에 있었던 강제 창씨개명을 떠올리게 하는 망발이 아닐 수 없다. 이병도의 머릿속에는 약소국 조선이 강대국 주나라를 흠모해 성을 고쳤다는 노예적 발상뿐이며, 위 시에 보인 강대국 조선과 주나라 왕실과의 혼인, 주나라에서 한후의 성을 쌓아준 일 같은 것은 있어서는 안 되는 것이다. 참으로 진정한 매국사학자가 아닐 수 없다.

동이, 오랑캐의
대명사로 변질되다

　앞에서 고조선의 무대는 좁은 한반도가 아니라 중국에 인접한 대륙임을 보았는데, 이를 더 정확하게 말하면 당시 소국이던 중국의 작은 땅을 포함하여 그 사방의 대륙 전체가 우리 조상들의 활동 무대였다. 공자나 사마천은 숙신(조선)이라는 나라 이름을 즐겨 쓰지 않고 주로 9이(夷) 또는 동이(東夷) 등의 모호한 명칭으로 썼는데, 이는 그들의 중화사관을 만들기 위해 위대했던 우리 고대사의 전모가 드러나는 것을 꺼린 때문이다.

　그들은 우리 조상들의 역사를 자기들의 역사로 가져갔지만 근대 이후의 중국 학자들에 의해 대부분의 진실이 밝혀지고 있다. 그리고 춘추시대 이전의 주나라 때까지 서쪽의 진나라와 남·동쪽의 초·오·월나라 등은 모두 중국인이 아니라 이(夷)족으로, 우리와 같은 조상의 나라로 중국의 사서에 기록되었으며 중국의 학자들도 인정하고 있다. 이 나라들이 중국에 합세하여 대국이 된 춘추시대 이후에 중국에서는 이전에 우리 민족이던 사방의 이(夷), 즉 동이·서이·남이·북이를 점차 동서남북의 각 방위에 따라 별도의 민족인 것처럼 구분해 동이·서융·남만·북적 등으로 불렀다.

먼저 서이(西夷)의 나라였던 진(秦)나라를 보면 『사기』「봉선서」에, "진나라는 소호(少昊)의 제사를 주관한다."고 했다. 소호씨는 고대 중국의 시조인 3황5제의 한 사람으로 실제로는 우리의 조상인 동이족이다. 그러므로 『삼국사기』「김유신 열전」에 소호씨가 신라 김씨의 조상이라고 했다. 그런데 진나라의 조상도 소호씨이므로 진나라 또한 신라와 마찬가지로 같은 동이임을 알 수 있다. 따라서 진시황도 소호의 성씨인 영(嬴)씨인데, 신라의 경우는 소호 금천(金天)씨의 금을 성으로 한 것이 다를 뿐이다. 중국의 주쉐안(주학연朱學淵)은 옛 언어로 민족들의 계통을 연구하여 『진시황은 몽골어를 하는 여진족이었다』(2009)에서 진나라의 조상이 몽골·만주족과 같은 계통이라고 했는데, 이는 옛 흉노나 여진(말갈) 등이 신라와도 같은 계통이라는 것이 된다.

한편 남이(南夷)의 초(楚)나라는 왕의 성이 웅(熊)씨인데 이는 소호의 영씨와 같은 계통이라고 한다. 즉 멀리 떨어진 초나라와 진나라가 모두 소호의 후손이라는 것이다. 이에 대해서도 주쉐안은 초나라의 말이 몽골어 계통이라고 했다. 초나라와 오(吳)·월(越)나라가 중국에 합세한 이후 그 주변에 있던 서(徐)·담(郯)·거(莒)·황(黃)·강(江) 등 동이의 나라들도 영씨인 소호의 후손으로 『사기』「진본기」에 나오는 것을 보면, 중국을 포함한 사방이 동이족으로 고조선의 후손들임을 확인하게 된다.

다음으로 북이(北夷)에 대해 보면, 중국의 북쪽에 있던 주요한 나라들은 산융(山戎)·동호(東胡)가 대표적이며 이들은 다름아닌 조선이었다. 이 부분은 매우 중요하므로 조금 상세히 설명하겠다. 우선 사마천의 『사기』를 보면 「조선열전」과 함께 「흉노열전」이 있어 조선과 흉노는 전혀 별개의 종족인 것처럼 기록했다. 그러나 「흉노열전」을 검토해보면 흉노는 조선과 다른 종족이 아니라 조선에 속한 종족임을 알게 되는데, 그 내용을 보겠다.

"요·순 이전에 산융·험윤·훈육 등의 여러 종족이 있어 북쪽의 미개척지에 거주하여……"

흉노는 한나라에 와서 중국에서 북쪽의 나라를 부른 이름인데 지금 몽골의 조상이다. 그런데 예전에는 인용문처럼 산융·험윤·훈육 등으로 불렀으며 그들이 흉노의 조상이라는 것이다. 그러나 같은 『사기』의 「5제본기」에 보면 순 임금의 중국 북쪽에 이 산융과 함께 발·숙신이 있었다고 했다. 그런데 이 발과 숙신(=조선)이 동이족이므로 같이 기록된 산융도 같은 동이로 봄이 타당하다.

여기의 산융은 그로부터 1,600년 뒤 춘추시대에 다시 기록에 보여 서기전 7세기에 두 차례나 연나라를 쳤는데, 이때 주나라의 패자였던 제나라 환공이 연나라를 도와 산융을 물리치고 나아가 영지·고죽까지 쳤다고 한다. 이 영지·고죽도 동이인 조선의 나라들로 인정되고 있으므로, 산융 또한 조선에 속한 것으로 보는 것이 자연스럽다. 그런데 이런 사실을 확인할 수 있는 기록이 있으니,『염철론』에 보면 '조선'이 연나라의 동쪽 땅을 침범했다고 하여 위에 연나라를 친 산융이 조선임을 알게 된다.

한편 산융은 한나라 때 흉노로 불렸는데 그 동쪽의 동호와의 관계에 대해 사마천은 「흉노열전」에 이렇게 썼다.

> "묵돌이 선우가 되었을 때 동호는 강성하였다. …… 동호는 처음부터 묵돌을 경시하여 흉노에 대한 방비를 하지 않았다. 때문에 묵돌은 병사를 거느리고 습격하자마자 동호를 크게 격파하고……."

동호는 예로부터 가장 강성한 나라로 흉노는 제후국의 위치에 있었기 때문에 묵돌 선우(흉노 지도자의 명칭)를 소홀히 본 것은 당연하다. 이를 노려 묵돌이 불시에 동호를 습격해 대파하고 전성기를 맞아 동호로부터 정치적으로 독립하는 한편, 중국 한나라와의 전쟁에서도 크게 이겨 고조 유방이 간신히 죽음을 면하기도 했다.

흉노가 속했던 이 동호는 다름아닌 조선을 달리 부른 이름인데 이제 「흉노열전」을 통해 이를 알아보자.

> "그 뒤 연나라에 현장 진개가 있어 동호에 볼모로 가 있었다. 동호는 그를 매우 신임하였다. 그는 연으로 귀국하자 동호를 습격·격파하여 동호는 1,000여 리나 물러났다."

이때는 전국시대 말로서 위에 본 묵돌이 동호를 치기 약 100년 전이다. 연나라의 진개가 강국 동호에 볼모로 있다가 돌아온 후 동호를 습격해 1,000리나 물리쳤다는 내용이다. 그런데 우리 측 기록인 『태백일사』를 보면 연나라의 공자(公子 : 제후국 군주의 아들)를 볼모로 삼았다고 하는데, 그 이름은 나오지 않지만 여기의 진개임이 분명하다. 즉 진개가 갔던 동호가 조선이었음이 우리 기록에 명백하게 나와 있는 것이다.

매국적 학계에서는 우리 측 기록을 위서라고 하여 믿지 않으므로, 중국 기록으로 이 동호가 조선임을 다시 밝혀보겠다. 『삼국지』「동이전」을 보면 『위략』이라는 책을 인용해 이렇게 썼다.

> "연나라는 장군 진개를 보내 그 서쪽을 공격하여 2,000여 리의 땅을 취하고 만·번한에 이르러 경계를 삼으니, 조선은 드디어 약해졌다."

진개가 2,000리의 땅을 취하여 조선이 약해졌다고 했다. 그러면 이 기록은 위에 본 진개가 동호를 1,000리 물리쳤다는 기록과 같은 사건을 말한 것인지를 먼저 밝혀야 한다. 그런데 여기의 만·번한은 요동군에 속한 현 이름으로 그곳이 조선과의 경계라고 했으며, 위의 「흉노열전」에도 요동군을 두었다고 하므로 같은 하나의 사건을 다르게 기록한 것이다. 즉 진개가 침입한 동호도 조선을 그렇게 표현한 것이며, 또 그것을 1,000리 또는 2,000리로 크게 다르게 말한 것은 둘 다 사실을 과장해 역사를 왜곡한 중화사관이다.

진개의 조선 침략 직전의 연나라는 영토가 2,000리였는데 만약 진개가 1,000리 또는 2,000리의 광대한 땅을 개척했다면, 중국 역사상 당시까지 가장 큰 전과를 올린 것으로 볼 수 있다. 그런데 이런 훌륭한 장군에 대해 위의 두 기록 외에는 다른 역사서에 그의 이름은 찾아볼 수도 없다. 사마천의 『사기』만 하더라도 「흉노열전」에만 진개의 이름이 나올 뿐 연나라의 역사를 기록한 「연소공세가」에는 그에 대한 기록이 없으며, 또 따로 진개의 열전을 마련하지도 않았다. 그리고 당시의 역사를 별도로 기록한 『전국책』에도 진개의 이름은 찾아볼 수 없다. 그러므로 민족사학자 김종서는 무려 25가지 근거를 제시하며 진개의 동호·조선 침략에 관한 기록이 허위임을 밝혔다.

이런 진개라는 인물이 매국사학자들에게는 구세주같이 반가운 영웅이다. 그 이유는 그들이 고조선을 북한 지역의 소국이라고 주장하는 유력한 근거가 되기 때문이다. 즉 원래 연나라가 지금의 베이징 부근에 있었는데, 동쪽으로 2,000리인 지금의 만주 땅을 고조선으로부터 빼앗았기 때문에 조선은 북한 지역에 있게 되었다는 것이다. 그러나 이것은 이병도 이후의 매국사관이 틀린 사실을 재확인해주는 자가당착이 된다.

매국사학에서는 고조선이 처음부터 한반도의 소국이라 했는데, 진개의 침략을 사실로 본다면 진개 이전의 고조선은 만주를 모두 차지했던 대국임이 드러나게 되기 때문이다. 이와 같은 모순에도 불구하고 조선을 짓밟은 것으로 과장된 진개가 그들에게는 구세주가 되니 그나마 고조선 한반도설을 떠받쳐주는 것이 고마운 것이다.

김종서가 25가지 이유를 들어 부정하는 진개의 침략을 그들은 성경의 한 구절처럼 신성시하는데, 이병도의 잘못된 견해를 보기로 하자. 우선 이병도는 동호를 조선과는 구별해 떼어놓는다.

> "이때의 소위 동호란 것은 일본 시라토리 구라키치의 설과 같이 몽골종을 골자로 하여 여기에 퉁구스종을 가미한 것으로, 지금의 요하 상류인 서랄목륜하를 근거로 하여 그 좌우에 만연하였던 것이다. 다시 말하면 동호는 즉 오환의 전신으로, 흉노 동쪽에 있어 동호의 칭을 얻게 된 것이니, 원래 조선과는 구별이 되어야 한다."
>
> – 이병도, 『한국고대사 연구』, 한국학술정보, 2012, 76~77쪽

식민사학자 시라토리 구라키치의 설을 따라 동호가 오환의 전신으로 '흉노 동쪽에 있어 동호의 칭을 얻었다'고 했으나 이는 거짓이다. 『사기』 「조세가」를 보면 조나라의 동쪽에 ⑤호가 있으며 또 조나라의 동쪽에 있는 연나라가 동호와 경계를 이루고 있다고 기록했다. 조나라나 연나라의 동쪽은 거의 모든 기록에 조선으로 나오는데, 여기서 조선 대신에 호 또는 동호라고 한 것은 그것들이 곧 조선임을 말한 것이지 조선과 구별되는 동호를 말한 것이 아니다.

그러나 동호와 조선을 별개로 본 이병도는 진개가 동호와 조선을 모두 침략한 것이라 강변하여 이렇게 말한다.

> "이때 진개의 경략은 비단 동호에만 그치지 않고 일보갱진하

여 조선에도 미쳐 그 서부의 땅을 많이 빼앗았다. …… 그러
므로 나는 이 2,000여 리 중에는 실상 『사기』의 '동호가 1,000
여 리 물러났다'는 거리도 포함되는 동시에 『위략』의 찬자가
이것을 망각한 것이라고 생각된다. 즉 그 절반은 동호의 땅,
다른 절반은 조선 서부 지방에 해당한 것이라고 보아야 하겠
다. 그리고 동호와 조선과의 경계는 지금 요하 상류 부근이었
을 것이다. 그런즉 연의 새 5군 중 요동만이 조선의 서부 지
방에 속했던 모양이다. ……『사기』의 찬자도 연의 5군을 전
부 동호의 것인 양 말하여, 요동군과 조선의 관계에 대해서는
한마디도 언급지 아니하였다. 요컨대 연의 약지(略地) 2,000여
리 중에 조선이 실질적으로 잃은 부분은 약 1,000리 가량밖
에 되지 않았던 모양이다."

- 위와 같음, 77쪽

내용이 좀 길고 복잡하지만 이병도가 말하려는 것은 진개가 동
쪽으로 동호를 1,000리, 그리고 그 동쪽에 있던 조선을 1,000리 취
했다는 것이다. 그러면서 중국의 두 저자가 동호 또는 조선의 한
나라만 친 것으로 기록한 것은 다른 나라를 또 친 사실을 망각했
기 때문이라고 했다. 참으로 어이 없는 헛소리가 아닐 수 없다. 중
국의 저명한 역사가들이 두 나라를 친 것을 깜박하고 각각 한 나
라만 친 것으로 기록했다니 할 말을 잃게 만든다.

이병도는 위 인용문에서 연나라의 '동쪽'이 동호라고 했으나 위
인용문 앞의 글에서는 연나라의 '북쪽'에 동호가 있어 진개가 북쪽

으로 동호를 쳤다고 한 사람이다. 자신도 연나라의 동쪽에는 실제로 조선이 있었음을 알기 때문에 그렇게 설명해놓고는 여기서는 동호를 동쪽에 갖다놓으니, 정작 망각병에 걸린 것은 중국 역사가가 아니라 자기 자신일 뿐이다. 아니 망각이 아니라 독자를 바보로 알고 속이는 것에 불과하다.

이렇게 속여야 하는 이유는 조선이 한반도에 있다고 억지 주장해왔는데, 저 멀리 요서에 있으면 매국사학이 끝장나기 때문이다. 자신이 원래 말한 대로 진개가 북쪽으로 동호를 치면 그쪽에 요서·요동이 있어야 하는데 실제로는 동쪽으로 쳐 와야 요서·요동이 되므로, 문장을 바꾸자마자 동호를 '동쪽'으로 슬쩍 갖다놓고 독자들이 '북쪽'을 망각하기를 바라는 것이다. 저질 코미디처럼 치졸한 사기극에 불과한데도, 이런 자를 국사학계의 태두로 받드는 매국사학자들은 반민족적 범죄 조직의 일원이라 하지 않을 수 없다.

이와 같이 고조선이 북한 지역에 있던 소국이었다는 이병도의 기존 논리는 더 이상 설 자리가 없게 되었다. 그래서 광복 후 40년이 넘은 시점에서 뒤늦게 나온 것이 서영수(단국대 명예교수)의 「고조선의 위치와 강역」(1988) 및 노태돈(서울대 명예교수)의 「고조선 중심지의 변천에 대한 연구」(1990)로서, 고조선의 중심지가 당초 요동 지역이었다가 진개의 침략 때문에 평양으로 중심을 옮기게 되었다는 이른바 '중심지 이동설'이다. 그러나 고조선의 중심지가 요동에서 평양으로 이동했다는 주장은 일체의 사료적 근거가 없는 허황된 이론임을 둘째치고라도, 현재의 랴오시(요서) 지역을 산융·동호 지역으로 분류해서 고조선의 강역에서 분리시키고 있는 것은 일제 식민사학보다 더한 역사 왜곡이라 하지 않을 수 없다. 북한 강역까지 염두에 두고 진행하는 중국 동북공정의 충실한 추종 이론이기 때문이다.

서영수·노태돈의 '중심지 이동설'은 윤내현의 고조선 만주설과 만주에서 쏟아지는 고조선 유물 때문에 어쩔 수 없이 변종 이론으로 급조한 것이다. 이에 대해서는 필자가 『식민사관의 감춰진 맨얼굴』에서 상세히 비판했으므로 여기서는 생략하겠다. 다만 그들의 관점은 이병도와 다를 것이 없는데도, 송호정은 이를 대단한 업적이나 되는 듯이 이렇게 주장했다.

> "고조선의 중심지 이동설은 학계의 지배적인 통설로 자리잡아 제6차 교육과정 고등학교 국사 교과서에도 그 내용이 실려 있다. …… 이 주장은 종래의 평양 중심설과 요동 중심설의 문제점을 극복하기 위한 노력의 결과로서 『위략』 등 문헌사료에 대한 비판적 이해를 바탕으로 하면서 요령식 동검 등 고고학 자료를 적극적으로 활용하고 있다."
>
> – 송호정, 『한국 고대사 속의 고조선사』, 푸른역사, 2003, 31쪽

첫 구절은 사실이다. 자기들이 고대사를 독점하고 있으니 국사 교과서조차 매국적 사관으로 조작해 국민 정신을 좀먹고 있는 것이다. 그러나 나머지 부분은 모두 거짓으로 일관하고 있다. 민족사학의 요동 중심설은 쳐다보지도 않다가 세에 밀려 어쩔 수 없이 후퇴해놓고는 '문제점을 극복하기 위한 노력'으로 포장한다. 또 『위략』등 문헌사료의 '비판적 이해'가 아니라 '엉터리 오해'임은 위에서 밝

했다. 얼굴이 얼마나 두꺼우면 이런 뻔뻔한 거짓말을 이토록 태연하게 할 수 있을까?

또 고고학 자료를 적극 활용한다고 했으나, 같은 만주 지역인 요동과 요서의 유물들의 많은 공통점을 언급하는 대신 사소한 차이만을 부각시킨다. 그래야 요서에 있던 동호는 고조선과 다른 유목민의 나라였다고 우길 수가 있는 것이다. 그러나 문헌으로 동호=조선임이 드러난다면 요서와 요동의 청동 유물에 다소 차이가 있더라도 그것이 다른 민족이었다고 말할 수는 없다. 같은 나라 안에서도 지역에 따라 다소의 차이가 있는 것은 너무나 당연한 일이 아닌가? 매국사학이 문헌을 위주로 할 수가 없으므르 고고학적 유물을 마지막 방패로 내세우지만, 이에 대해서는 제2부에서 다시 보겠다.

지금까지 본 대로 중국과 그 동서남북의 고대 중국 대륙 전반을 우리 조상들인 이(夷)족이 지배했기 때문에 『설문해자』라는 문자 사전에 '이(夷)' 자를 이렇게 풀이했다.

> "대개 땅에 있는 사람들이 자못 순리의 성품이 있다고 말하나 오직 동이는 큰 것을 좇으니 대인이다. 이(夷)의 풍속이 인자하니 인자한 자는 오래 산다. 그러므로 군자국·불사국이 있다. 살피건대 그곳은 하늘이 크고 땅도 크며 사람 또한 크니, 대(大) 자는 사람의 형상을 말한 것이다."

이 책은 한나라 초에 나온 것인데 우리 민족에 대해 더 없는 찬사로 설명해놓았다. 풍속이 인자하다는 것은 정치·사회적으로 안정된 상태를 말한 것이고, 하늘과 땅과 사람이 모두 크다는 것은 대국으로서 경제·문화적 수준이 높았던 것으로 이해할 수 있다. 그러나 비슷한 시기의 사마천은 극단적인 중화사관의 입장에서 우리를 야만시하고 오랑캐의 나라처럼 기록했다. 그러나 뒤의 역사서인 『후한서』에는 동이에 대해 위 『설문해자』와 거의 같은 서문을 실었는데, "…… 그러므로 공자도 9이에 살고 싶어 하였다."는 구절을 덧붙였다. 공자가 중화의 꿈을 가지고 동이의 역사를 왜곡했지만 살기 좋은 동이에 가고 싶은 마음은 숨길 수 없었던 것이다.

공자와 사마천이 고조선의 실체를 왜곡하기 위해 9이·동이 등의 용어를 주로 썼다고 했으나, 이 땅의 매국사학에서는 한 발 더 나아가 동이라는 말 자체를 꺼리며 동이에 대해 어쩔 수 없이 논할 경우에는 우리와는 다른 민족으로 내쳐버린다. 송호정의 말이다.

> "동이란 종족은 산둥반도 일대의 조이·래이·우이·회이 등
> 여러 오랑캐를 포괄하는 개념이었다."
>
> — 송호정, 『단군, 만들어진 신화』, 산처럼, 2004, 291쪽

송호정은 자신의 조상이 한국인인지 일본인인지 아니면 중국인인지도 모르는 것이 분명하다. 그렇지 않다면 동이를 오랑캐라고 부를 수 없으니, 이 말은 이민족을 낮춰 부르는 말이기 때문이다.

중국에서조차 태호 복희씨나 소호 금천씨가 동이로서 중국에 건너온 것을 인정하고 있는데도, 산둥에 있던 그 후손들이 우리 조상이 아니라고 부정하며 오랑캐라고 폄하하는 것이다. 동이를 어떻게

하든 우리 역사에서 떼어내자는 것이지만, 중국 역사서 중 최초로 「동이열전」을 둔 『후한서』는 당시 부여·고구려·예·한 등을 설명하면서, 그 서문에 산동에 있던 옛 동이의 역사를 간추려 설명했다. 그 동이들이 부여·고구려 등의 선조라는 것을 알려주는 것인데도 송호정은 이를 무조건 부정하며 이렇게 말한다.

> "『후한서』 이후의 기록을 보면 동이족은 고조선·부여·고구려·선비·말갈 등 철기시대 이후에 만주 전역에서 활동한 종족이나 국가를 가리키는 개념으로 사용되고 있다."
>
> – 위와 같음, 291~292쪽

『후한서』의 경우 필자가 바로 위에 지적한 옛 동이와 고구려 등과의 관련성을 기록한 사실을 송호정은 외면하는 것이다. 또 『후한서』나 그 다음의 『삼국지』에는 동이에 송호정이 언급한 '선비·말갈'은 들어 있지 않고 따로 '오환'·'선비' 등으로 분류했다. 동이를 선비·말갈을 포함하는 모호한 개념으로 만들기 위해 송호정은 이렇게 거짓말을 한 것이다. 그리고 동이를 '만주 전역'에서 활동한 종족이라고 한다 했으나 그런 설명 역시 중국 사서에는 없는 거짓이다.

무슨 거짓을 써서라도 우리 역사의 강역과 시간을 축소하려 하니 한국의 학자라는 사람이 왜 그래야 할까? 중국에서 신농씨 때인 서기전 27세기에 이미 구리와 쇠를 이용한 사실이 밝혀지고 있는데, 송호정은 그 300년 후의 단군을 신화로 부정할 뿐 아니라 청동기시대인 서기전 10세기 이전에 국가가 있을 수 없다고 우긴다. 중국에서 청동기를 이용한 1,700년 동안 강 하나 사이에 둔 이웃 나라인 우리는 계속 석기시대였다는 허황된 논리가 과연 있을 수 있을까?

26년 만에 막을 내린
'한사군'을 왜 강조할까?

앞에서 한나라 무제가 위만조선을 침략한 것을 보았는데 1년 남짓한 전쟁 끝에 서기전 108년에 위만의 손자 우거왕은 신하들의 반역으로 살해당하고 그들은 항복했다. 사마천은 그 전쟁의 결과에 대해 항복한 5명의 신하들을 제후로 봉했다고 했으며, 또 위만조선이 평정되어 4군이 되었다고 썼다. 그러나 위만조선의 땅에 제후를 두면서 한편으로는 태수가 직접 다스리는 4군을 두었다는 것은 모순이다. 제후들이 봉해진 지역은 그 이름으로 볼 때 오늘날 중국 허베이(하북河北)성과 산둥성 일대라고 중국 학자들은 말한다. 그러나 그 후 제후들과 그 땅이 어떻게 되었다는 기록은 상세하지 않아 후일의 역사는 알기 어렵다.

한편 한 무제가 설치했다는 4군은 당연히 위만조선의 강역 안에 있었을 것이므로 그곳도 제후들의 지역처럼 보하이 연안의 대륙이었으며, 한반도가 아님은 명백하다. 중국의 기록을 보면 4군 중 진번·임둔군은 불과 26년 만에 없어졌으며, 낙랑·현도군은 고구려에 의해 축출된 서기 4세기 초까지 존속한 것으로 나타난다. 중국이 우리의 땅을 빼앗고 얼마간이라도 지배한 이러한 역사는 아픈 과거가 아닐 수 없다. 그러나 일제 식민사학에서는 바로 이 아픈 역사를 우리의 숙명인 것처럼 부각시켜 그 의미를 터무니없이 과장했다.

먼저 '한사군'이라는 용어를 씀으로써 고대에 우리 민족이 한나라의 지배를 받았다는 사실을 최대한 부각시킨다. 진번·임둔 두 군은 바로 없어졌음에도 이 용어는 '한이군'으로 바뀌지 않고 그대로 쓴다. 남은 두 군 중 현도는 원래 위치에서 세 번이나 밀려났으며 3개의 현밖에 없는 작은 군이지만, 그 무게는 한결같다. 낙랑군 하나 달랑 남아 겨우 명맥을 유지했으나 그마저도 당초 25개 현을 가졌던 것이 4세기 초에는 겨우 6개 현밖에 없던 초라한 군이었다. 그렇다면 남은 두 군이 최대로 컸을 때도 그 땅이 과연 얼마나 컸을 것이며, 설령 그곳이 북한 지역이었다 하더라도 북한 지역의 어느 정도나 차지했을 것인가?

이병도는 4군의 모든 현들이 당초 북한 지역 전체에 어떻게 분포했는지를 세세히 연구하는 데 젊은 시절 모든 정력을 쏟았다고 스스로 고백했다. 그러나 낙랑마저도 거의 밀려난 후대의 상황은 외면했다. 왜일까? 필자는 그가 와세다 대학을 졸업한 순간 비열한 한국인이 아니라 위대한 황국신민으로 거듭 태어났다고 믿고 있다. 그렇지 않다면 광복 후 이 땅에 암세포 같은 매국사학을 퍼뜨려 우리 국민들에게 열등감을 심으려 하지 않았을 것이다.

한반도에 있지도 않았던 한나라의 군현들을 한반도로 우겨넣은 이병도는 여기에 더해 한사군 예찬에 열을 올렸다. 그의 말을 직접 알릴 필요가 있으므로 여기에 인용해본다.

"한나라의 물질문명 내지 정신문화는 자연 물 흐르듯 들어와 특히 도시를 중심으로 하나의 문화를 형성하였다. 그래서 낙랑의 수부(首府)는 마치 한의 알렉산드리아라고 말할 수 있었다. 당시 도시의 번영과 시민 생활의 화사함과 미술·공예의 진보가 어떠했는가는 근래 발견된 그 시대의 유물을 통해서도 알 수 있다."

– 이병도, 『한국사대관』, 한국학술정보, 2012, 68쪽

한나라의 선진 문명과 문화가 물 흐르듯 들어와 낙랑의 중심지라는 지금 평양은 고대 알렉산드리아처럼 번영과 화사함이 넘치는 낙원으로 그려진다. 고조선 이래 위만조선에 이르기까지 2,000년이나 부락국가 단계를 벗어나지 못했던 우리 사회가 한나라의 지배 덕분에 하루아침에 지상 낙원이 되었다니 기가 막힌다. 낙랑군이 평양에 있지 않는데 그 지역에서 나온 유물을 가지고 한나라의 영향이라는 것은 거짓이며, 오히려 그 지역의 원 우리 문화가 높았던 사실을 증거하는 것이다.

그리고 북한의 낙랑 유물이라는 것이 일제 식민사학자들이 가짜로 심어놓은 것이라는 사실은 정인보나 윤내현은 물론, 북한 학계

에서도 주장하는 내용이다. 매국사학에서는 이런 지적을 모른 척하고 아직 젊은 박사들까지도 평양 일대의 유물·유적만을 낙랑군의 유일한 근거로 우기지만, 이 낙랑 유물들은 식민사학자 세키노 다다시(關野貞)가 20세기 초에 베이징의 골동품 상가에서 사들여 평양에 심어진 사실이 다름 아닌 세키노 자신의 일기에서 고스란히 확인되었다.

> "(북경) 유리창가의 골동품 가게를 둘러보고, 조선총독부 박물관을 위하여 한대의 발굴품을 300여 엔에 구입함."
>
> 다이쇼 7년(1918) 3월 22일
>
> ― 세키노 다다시, 『세키노 다다시 일기』, 중앙공론미술출판사, 2009.

낙랑군,
키워드는 2개의 강이다

낙랑군의 실제 위치는 우리 고대사에서 가장 중요한 핵심이라고 말할 수 있다. 고조선의 후기 강역이 어디까지였는지를 증거해줄 뿐만 아니라, 삼국시대에도 계속 기록되어 고구려·백제·신라 삼국의 활동 무대가 어디인지도 모두 밝혀주기 때문이다. 이처럼 중요한 문제이기 때문에 「역사비평」에서 2016년 봄호 이후 민족사학계를 '사이비'라고 비난하는 특집기획의 첫 번째 내용이 낙랑군의 위치 문제였으며, 학계는 경력이 일천한 박사들을 전면에 내세워 기존의 정설인 '낙랑군=평양'설을 주장하고 있다.

여기서 낙랑군의 실제 위치에 대해 좀 더 구체적으로 필자의 생각을 밝히고 학계의 낙랑군=평양설의 허구성을 폭로하겠다. 낙랑군은 서기전 108년에 처음 설치되었는데 산하에 25개의 속현이 있었으며, 그중 조선현에 치소가 있었다. 이 조선현은 서기전 12세기에 중국의 은나라가 주나라에 의해 망하자 은나라의 현인 기자가 고조선에 망명 와서 살았다는 곳이며, 뒤에 서기전 2세기에 앞에 본 연나라의 위만이 고조선으로 망명하여 기자의 후손이 살던 조선현을 차지하고 왕이 되었다는 곳이다.

이 낙랑군 조선현에는 습수·선수·열수의 세 강이 흐르는데 하류에서 모두 합쳐져 바다로 들어간다. 그런데 이 강들은 먼 옛날의 이름이며 지금은 모두 다른 이름으로 바뀌었기 때문에 쉽게 알기 어려운데, 중국에서 역사 왜곡을 위해 옛 강을 설명한 사전에도 한반도의 강인 것처럼 만들어놓았다. 그러나 한나라 때의 강들을 설명한 사료인 『수경(水經)』이 있고 이 책을 주석한 『수경주』를 많은 학자들이 풀이해 놓았는데, 그중 습수가 오늘날 융딩허(영정하永定河)라고 밝힌 것이 눈에 띈다.

융딩허는 오늘날 베이징을 지나 동남쪽으로 톈진에서 보하이만으로 들어가는 강이다((지도2) 참조). 그러므로 옛 낙랑군 조선현과 그곳을 흐른 습수 등 세 강이 한반도의 강이 아니라 지금의 융딩허로서 허베이성에 있었음을 쉽게 알 수 있다. 그런데도 학계에서는 이러한 근거나 다른 문헌의 근거도 제시하지 않고 낙랑군을 북한 지역으로 먼저 정해놓고 북한의 강들을 낙랑군의 강이라고 끼워맞춘다. 그러나 문제는 강이 흐르는 방향이다. 한반도의 강들은 모두 서남쪽으로 흐른다. 『수경』에서 보인 동남쪽으로 흐르는 강들과는 방향이 정반대인 것이다.

한편 낙랑군에는 조선현 옆에 수성현이 있었는데 중국에서는 이

지도2 낙랑군 조선현을 흐르는 세 강. ① 습수(지금의 융딩허), ② 선수(지금의 베이윈허), ③ 열수(지금의 차오바이허)이다.

수성현이 진시황이 쌓은 이른바 만리장성이 시작되는 곳이라고 말한다. 그리고 그곳을 오늘날 갈석산이 있는 보하이 북안의 란허(난하灤河) 하류로 보는데, 〈지도2〉에서 보면 조선현 옆에 수성현이 있어야 하는데 오늘날의 이 수성현 갈석산은 조선현과 너무 멀리 떨어져 있어 뒤에 옮겨진 지명으로 잘못임을 알 수 있다.

또 하나 지적할 것은 갈석산은 원래 낙랑군 수성현에 있지 않았다. 낙랑군 수성현은 한 무제가 두었는데 그보다 100년 전인 진시황 때는 낙랑군이 없었기 때문에 진시황의 만리장성은 요동군의 갈석산까지밖에 쌓을 수 없었으며 그곳은 양평현이라고 기록되어 있다. 요동군의 갈석산을 중국에서 더욱 동쪽의 낙랑군이라 잘못 보아 그곳을 만리장성의 끝으로 보는 데 비해, 이병도는 그 끝을 낙랑군이 있었다는 오늘날 황해도 수안으로 멀리 동쪽으로 끌고 왔으니 중국의 중화사관이나 일본의 식민사관보다 한 술 더 뜬, 그야말로 철저한 매국사학이라 하지 않을 수 없다.

이병도는 황해도의 수안(遂安)이 낙랑군 수성(遂城)현과 '수(遂)' 자 하나가 같다는 것을 근거랍시고 낙랑군을 황해도까지 끌어들인 것이다. 또 수안에 요동산이 있고 장성의 흔적이 있다고도 말했는데, 중국의 기록에 장성의 끝이 '갈석산'이라 한 것을 어찌 수안의 '요동산'으로 둔갑시킨다는 것인가? 참으로 치졸한 억지 짜 맞추기가 아닐 수 없다.

이런 이병도의 거짓은 하나도 비판하지 못하는 풋내기 박사들 10명이 「역사비평」에 '낙랑=평양'설을 고수하며 민족사학자들을 오히려 '사이비'라고 공격해댔으며, 그 글들을 모아 『한국 고대사와 사이비 역사학』이라는 책까지 냈다. 민족사학에 대한 이러한 적반하장 식의 공격에 민족사학계도 두고만 볼 수 없어『매국의 역사학자, 그들만의 세상』을 통해 그들의 허구성을 폭로했다. 그중 여기서는 위가야의 「한사군 한반도설은 식민사학의 산물인가?」를 비판하겠는데, 그는 우선 이렇게 썼다.

> "사이비 역사학은 식민사학을 거부하고 또 그에 대해 누구보다도 격렬하게 비판한다. 하지만 근간을 이루는 논리와 연구 방법은 결국 그들이 그토록 비판해 마지않는 식민사관의 양태를 답습한다. 우리는 어쩌면 지금 식민사학의 목소리로 식민사학을 비판하는 식민사학의 변종과 마주하고 있는지도 모른다."
>
> – 젊은역사학자모임, 『한국 고대사와 사이비 역사학』, 역사비평사, 2016, 128쪽

민족사학계를 사이비로 매도하는 것은 학계가 살아남기 위한 궁여지책으로, 말도 안 되는 공격이며 언어의 폭력이다. 민족사학자 중에는 고대사를 전공한 사람이 적고 다양한 설이 공존하므로 잘못된 견해도 있을 수 있다. 그러나 이 다양성이 바로 학문 세계의 기본이며, 잘못된 설은 시간이 지나면 정리된다. 반면에 학계에는 정설만 있고 학계와 다른 설은 용납되지 않아 학회지에 게재할 수도 없고 토론에 참가할 수도 없다. 그러므로 학계가 열려 있다면 '사이비' 문제는 저절로 해결될 것인데도, 자기들만의 세계를 고집하는 자체가 비학문적임을 보여주는 것이다.

특히 1980년대 이후 민족사학계를 대표한 학자인 윤내현(단국대 명예교수)과 고(故) 최재석(전 고려대 명예교수)은 당당한 대학 교수였을 뿐 아니라 1차적 사료를 엄밀히 해석하여 많은 저술을 했는데도, 학계에서 꿀 먹은 벙어리처럼 대응을 회피하고 있는 현실은 이병도 이후 학계에서 논리적인 학문을 하고 있지 않다는 뚜렷한 증거일 수밖에 없다. 윤내현과 최재석. 이 두 교수가 도대체 무슨 이유로 '사이비'라는 것인가? 그 이유는 단 한 가지, 자기들과 견해가 달라 비판했다는 사실 때문인데, 이는 우리 학계가 학문의 자유가 전혀 용납되지 않는 풍토임을 그대로 보여준다.

또 최근 학계의 매국사학을 통렬히 비판하고 있는 이덕일은 국사를 전공한 박사이지만 매국사학에 가담하지 않았기 때문에 학계의 표적이 되고 있으나, 그 역시 사료를 바탕으로 학계를 비판했다. 그의 설이 잘못된 부분이 있다면 학문적 방법으로 대응하면 그만인데, 자기들을 공격한다고 해서 '사이비'라는 얼토당토않은 명칭으로 부른다면 이는 학계가 조직 폭력배 집단과 다를 것이 없다는 사실을 잘 보여준다. 뒤에 보겠지만 이덕일이 김현구(고려대 명예교수)를 식민사학자라고 비판하자 김현구가 명예훼손으로 고소했지만 패소했다. 역사학에 문외한인 판사들이 보기에도 김현구의 온당하지 못한 학문 세계가 드러나니 보호할 명예가 없다는 결론 아니겠는가?

문헌적으로 보면 위가야는 조선시대 후기 한백겸·한진서·유득공·정약용 등 저명한 학자들이 '낙랑군=평양'설을 정립했으며, 일제 식민사관에서 조작한 것이 아니라고 주장한다. 이는 학계가 식민사학이 아니라는 구실로 늘 내세우는 것이지만 그들을 방패막이로 쓰려는 얄팍한 술수일 뿐이다. 그 이유는 조선시대 후기 이후로 이익·신채호·정인보 등 저명한 학자 중에도 '낙랑군=평양'설이 아닌 '낙랑군=요동'설이 같이 있어왔기 때문이다.

그렇다면 어느 설이 옳은가 하는 문제는 결국 1차 사료를 해석하여 결론을 맺어야 한다. 조선시대는 아무리 빨라도 낙랑군이 설치된 지 1,500년이나 지난 먼 후대이다. 그러므로 학자들의 다른 설들이 있다면 당연히 설치 당시의 기록에 근거하여 판단해야 한다. 그러나 앞에서 본 대로 이병도가 『사기』「조선열전」 기록을 왜곡하여 해석한 이후 주류 학계에서는 어느 누구도 이를 비판하지 않는다. 이병도의 설은 종교의 경전과 같은 성역이며 학문적 논란의 대상이 아니라는 뜻이 아니겠는가?

다산 정약용은
과연 식민사학자인가

　　강단사학계에서 자기들의 입장이 식민사학을 추종한 것이라는 비판에 대해 공통적으로 내세우는 아주 유력한 방패막이가 있는데, 그 대표적인 것이 조선 후기의 유명한 실학자 정약용이나 다른 실학자들을 끌어들이는 것임을 바로 앞에서 보았다. 『한국 고대사와 사이비 역사학』에서 낙랑군을 포함한 한사군이 한반도에 있었다고 주장한 권순홍, 위가야, 이정빈 역시 학계의 잘못된 입장을 대변하면서, 그것이 식민사학의 결론 이전에 정약용 등 조선 후기 학자들의 결론이라는 논리를 편다. 먼저 권순홍의 말을 들어보자.

　　"…… 같은 한사군 한반도설이라도 타율성론이라는 색안경을 낀 조선총독부의 해석과 그 색안경을 끼지 않은 조선 후기

학자들의 해석에 대한 평가가 다를 수밖에 없는 이유이다. 문제는 한사군 한반도설이 아니라 타율성론과 정체성론이라는 색안경에 있다. 최소한 지금의 강단 역사학계에 이 색안경을 낀 사람은 없다."

— 젊은역사학자모임, 『한국 고대사와 사이비 역사학』, 262~263쪽

권순홍은 타율성론·정체성론 등 식민사학의 주요한 논리를 색안경으로 비유하고, 조선의 학자들은 이 색안경을 끼지 않았으므로 조선총독부의 색안경을 끼고 보는 입장과는 다르다고 했다. 조선의 학자들이 색안경을 끼지 않은 것은 맞지만 당시에 실학자들 사이에서도 논란이 있었다. 그 말은 쏙 빼고 자기들 입맛에 맞는 정약용과 한백겸만 들먹이는 것도 우습다. 또 다른 실학자인 이익은 한사군이 한반도가 아니라 요동에 있었다고 주장했다.

그들이 정약용을 끌어들이는 이유는 명백하다. '최초의 근대인'으로 불리는 유명 실학자이자 방대한 학문적 업적을 남긴 정약용의 명성을 등에 업고 그 명성에 기대려는 치졸하고 얄팍한 묻어가기 수법이다. 하지만 대단한 명성이 있다고 해서 그 사람의 주장이 모두 옳은 것은 아니다. 정약용이건 한백겸이건, 그들은 모두 조선시대 사람이다. 그들은 한사군 설치로부터 1,500년 이상이 지난 후대를 살았던 사람들인 것이다.

민족사학계에서 식민사학자라고 칭할 때는 그들이 주장하는 것들이 일제 조선총독부가 주입한 사관을 전반적으로 추종하며 우리 고대사를 부정하기 때문에 '식민사학자'라고 부르는 것이지, 단지 한

사군이 한반도에 있었다고 주장하기만 하면 모두 식민사학자가 되는 것은 아니다. 그러므로 식민사학계의 정약용 끌어들이기는 의도적인 초점 흐리기에 지나지 않는다.

따라서 한사군의 올바른 위치는 먼저 조선시대로부터 1,500년 이전인 한사군 설치 당시의 기록으로 판단해야 한다. 그래서 『사기』 「조선열전」 등 1차 사료로 한사군이 한반도가 아님을 필자가 여러 곳에서 입증했다. 그러므로 정약용의 한반도설은 잘못이지만, 권순홍의 말처럼 그것이 설령 옳다고 치더라도 그가 위에서 "강단 역사학계에 이 색안경을 낀 사람은 없다."고 한 것은 속임수에 불과하다. 타율성론이니 정체성론이니 하는 용어로 일반 독자들을 혼란케 만들지만, 타율성론이란 우리 민족이 자율적이 못 되어 한사군의 지배를 받을 운명이라는 식민사관이며, 정체성론이란 우리 사회가 미개하여 외국의 선진 문물이 들어와서야 발전했다는 식민사관이다. 바로 이 식민사관의 색안경을 이병도 이후 위 글을 쓴 권순홍에 이르기까지 끼고 있으면서도 끼지 않았다고 눈 가리고 아웅 하고 있으니 기가 막힐 노릇이다.

한사군의 지배가 축복이라는 이병도의 논리가 바로 그 타율성이라는 색안경이고, 3한 78국이 읍락국가로 정체되어 있다가 2~4세기에 와서야 3국이 건국되었다는 이병도의 논리가 바로 그 정체성이라는 색안경이 아닌가? 권순홍 자신도 이병도의 이 색안경을 그대로 끼고 있음을 양심적으로 고백하라.

다음에는 같은 『한국 고대사와 사이비 역사학』에 실린 이정빈의 잘못된 낙랑관을 비판하겠다. 그는 『삼국사기』 「고구려본기」에 미천왕이 313년에 낙랑의 2,000여 명을 포로로 잡은 것과 314년에 남쪽으로 대방군을 침입한 데 대해 이렇게 썼다.

> "『삼국사기』에서 대방군은 고구려의 "남쪽"으로 표현되었다. …… 그때부터 낙랑군·대방군은 서진이 쇠락하던 313, 314년 무렵까지 존속하였다. 대체로 황해도 일대에 있었다고 파악되는데, 그러한 사정은 『삼국사기』를 비롯한 여러 사서를 통해서도 충분히 가늠할 수 있다. 그러므로 대부분의 연구자는 313년 이전까지의 낙랑군·대방군이 한반도 북부, 구체적으로 대동강 유역에 소재하였고, 요서 지역과 란허강 유역의 낙랑군 및 조선현은 교치된 것으로 이해하였던 것이다."
>
> – 위와 같음. 109~110쪽

이정빈은 『삼국사기』에 대방군이 고구려의 '남쪽'에 있다는 것을 인용하고는, "낙랑군·대방군은 서진이 쇠락하던 313, 314년 무렵까지 존속하였다. 대체로 황해도 일대에 있었다고 파악되는데, 그러한 사정은 『삼국사기』를 비롯한 여러 사서를 통해서도 충분히 가늠할 수 있다."라고 했으나 이는 한마디로 거짓이다. 대방군이 고구려의 남쪽에 있다고 했지만 황해도 일대에 있었다는 말은 『삼국사기』에 나오지 않는다. 『삼국사기』에서 온조대왕이 백제는 낙랑의 서쪽에 있었다고 말했으며 뒤에 낙랑의 남부가 대방군이 되었으므로 대방역시 백제의 동쪽에 해당한다. 고구려 남쪽에 대방이 있다는 사실만 가지고 반도사관에 따라 그 대방 남쪽에 또 백제가 있었던 것처럼 속이는 것이며, 『삼국사기』에 '백제 북쪽에 대방'이라는 내용이 없기에 인용하지 못하는 것이다.

여기서 이정빈의 얄팍한 술수를 또한 언급하고자 한다. 그는 당초 이 글을 「역사비평」에 실을 때, "『삼국사기』를 비롯한 여러 사서에서 대방군을 낙랑군과 함께 한반도 북부에 소재하였다고 나온다."고 명백히 거짓을 말했는데, 뒤에 발간된 이 책에서는 위에 본 것처럼 "황해도 일대에 있었다고 파악되는데, 그러한 사정은 『삼국사기』를 비롯한 여러 사서를 통해서도 충분히 가늠할 수 있다."고 한 발짝 후퇴했다. 대방군이 황해도에 있었다는 똑같은 허위 주장에 불과하지만 『삼국사기』 등에 황해도라 명시하지 않았고 또 그것을 잘 알고 있기에 같은 거짓말이라도 민족사학계에 약점을 잡히지 않기 위해 후퇴한 것이다. 젊은 박사라는 사람이 이렇게 떳떳하지 못한 방식으로 국민을 속여도 되는 것인가?

또 『삼국사기』를 비롯한 여러 사서에 대방·낙랑이 한반도 북부에 소재했다고 나온다고 했으나 바로 위에 언급한 대로 『삼국사기』에조차 한반도 북부로 볼 수 있는 내용이 없다. 여러 사서라고 거짓으로 둘러댔으나, 필자가 앞에서 근거로 삼은 『사기』 「조선열전」, 『한서』 「지리지」, 『수경』, 『산해경』처럼 구체적인 문헌 이름도 제시하지 못하고 이렇게 우기기만 하니, 스스로 근거할 만한 문헌이 전무하다는 참담한 고백이 아니겠는가?

한편 「역사비평」에서 위가야는 이렇게 말했다.

"결국 '한사군 한반도설'은 처음 한사군의 위치를 한반도 안으로 파악한 중국 사서의 주석가들이며 조선 후기에 역사지리학을 연구한 실학자들, 그리고 일본인 역사학자들에 이르기까지 오랜 기간 심화되고 그 타당성을 인정받아온 학설일 뿐, 일제 식민사학의 산물이라 할 수 없다."

— 위와 같음, 134쪽

처음 한사군의 위치를 한반도로 파악한 것은 "중국 사서의 주석가들"이라고 거짓을 말했다. 한 가지 예로 위만의 도읍이 과연 한반도의 평양이었는지 보자. 『사기』 「조선열전」에는 위만이 "왕험에 도읍하였다."고 기록했다. 이 왕험성에 대해 주석자들은 위가야의 말과는 달리 한결같이 한반도의 평양이 아니라고 했다. 서광이라는 학자는 창려군 험독현이라 했고 응소라는 학자는 요동군 험독현이라 했다. 시대에 따라 군의 이름은 달라도 그에 속한 험독현이 왕험성이었다는 설명이며, 지금의 평양이 아님을 명확하게 보여준다.

또 신찬이라는 학자는 왕험성이 "패수의 동쪽에 있다."고 주석했다. 이 패수가 식민사학에서 말하는 한반도 북부의 강들이라면 왕험성이라는 평양은 그 강들의 남쪽이나 북쪽에 있게 되며, 신찬이 말한 패수의 동쪽이 될 수 없다. 이렇게 중국의 주석가들은 모두 한사군(낙랑, 즉 왕험성)의 위치를 한반도로 파악하지 않았는데도, 위가야는 자기 마음대로 거짓으로 한반도로 파악했다고 우긴다. 만약 주석가들이 한반도로 주석했다면 왜 그러한 많은 명백한 내용을 근거로 제시하지 못하고 있는가? 참으로 스스로 자가당착적인 주장이 아닐 수 없다.

중국의 1차 사료나 그것을 주석한 학자들이 한사군을 한반도라고 하지 않았는데도 조선 후기 학자나 일인들이 이와 같이 어긋난 주장을 한다는 것은, 연구가 부족하거나 다른 의도를 가진 것이다. 위가야는 연구가 부족한 것을 반성하고 분발하든지, 아니면 일인들처럼 나쁜 의도를 가진 것이라고 양심선언이라도 할 용기는 없는가 묻고 싶다. 한반도설을 주장하는 학계의 모두에게 또 묻고 싶은 것은 것이 있다. 그것은 '왜 학계에는 한반도설만 있고, 다른 설을 주장하는 사람이 단 한 명도 없는가?' 하는 점이다. 또 많은 학술회의 등의 기회에 왜 단 한 번도 윤내현이나 이덕일을 참석시키고 한사군의 위치를 토론하지 않았는지 묻고 싶다. 그런 기회가 진작에 있었다면 그들이 '사이비'인지 아닌지가 명명백백하게 밝혀졌을 것이 아닌가?

　이상에서 정약용의 한사군 한반도설을 빌미로 학계가 식민사학을 추종하는 것이 아니라는 주장을 비판했다. 그러나 한사군보다 몇 배나 더욱 중요한 문제는 고구려·백제·신라의 3국 역사를 보는 관점이다. 정약용은 『아방강역고(我邦疆域考)』를 써서 옛 강역을 밝혔을 뿐, 3국의 역사 등 다른 분야에 대해서는 아무런 저술이 없어 역사학자라고 부르지는 않는다. 학계에서 3국의 초기 역사를 부정하는 식민사관에 서 있으면서도, 그런 입장이 아닌 정약용의 한사군의 위치 문제만 가지고 자기들의 입장을 합리화하려는 자체가 위대한 실학자로 추앙받는 정약용의 명성에 기대어보려는 얄팍한 위장술이 아니면 무엇인가?

임나일본부여
영원하라?

매국사관에서 한사군을 그토록 확대 해석하고 식민 지배를 예찬하는 것은 저의가 있기 때문이다. 즉 한반도 북부가 중국의 지배를 받았듯이 한반도 남부는 4~6세기의 200년 동안 일본이 지배했다는 거짓 주장을 펴기 위한 것이다. 우리 민족은 원래 미개하여 외국의 선진 통치를 받을 운명이며, 고대에 그랬듯이 근대의 일본에 의한 통치도 역사적 필연이며 그것이 우리에게 축복이란 억지 논리를 심어주려고 고대 한·일 관계조차 조작한 것이다.

고대에 일본이 한반도 남부를 지배했다는 설을 '임나일본부설'이라고 하는데, 이는 옛 가야를 일본에서 임나(任那)라고 하여 그 임나에 일본부라는 통치기구, 즉 근대의 조선총독부와 같은 기구를 두어 다스렸다는 내용이다. 이 설은 일본의 고대 역사서인 『일본서기』

에 있는 내용을 토대로 조작한 허구로, 매국사관의 핵심 중의 핵심이다. 그런데 이 문제만은 한국 국민에게 매우 민감한 사안이기 때문에 한국의 매국사학자들도 이 설을 적극 지지하지는 않고 소극적으로 대응하여 비켜가는 입장이다.

임나일본부설은 다소 생소하고 잘 모르는 국민들이 많은데, 지금 같은 역사전쟁 시대에 이를 좀 더 알 필요가 있다. 임나라는 나라는 일본의 역사서에만 나오는데 그 주변에 신라·백제·고구려가 있는 것으로 되어 있다. 그래서 식민사관에서는 이 임나를 한반도의 가야로 둔갑시켰다. 그러나 일본 역사서의 임나는 주위의 신라 등 삼국과 함께 한반도의 우리나라들이 아니라 일본의 쓰시마(대마도對馬島)에 있던, 그야말로 '부락' 수준의 작은 나라들이었다. 즉 우리 조상들이 쓰시마에 건너가 이룬 부락들이었다.

임나가 가야와는 다른 나라라는 증거는 풍부하다(오른쪽 표 참조). 우선 임나에 속한 나라(7~10개)는 가야에 속한 나라(6개)와는 숫자도 다르고, 이름도 모두 다르다. 또한 임나와 가야는 건국이나 멸망 시기, 왕의 이름, 주변국과의 관계 등 어느 모로 보아도 별개의 나라임이 드러난다. 그럼에도 불구하고 스에마쓰 야스카즈(末松保和) 같은 악랄한 식민사학자는 임나를 가야라 우기고 일본이 이를 지배했다고 주장했다. 우리 학계에서는 일본이 가야를 지배했다는 설은 비켜가지만, 가야를 연구함에 있어서는 임나를 가야로 본 스에마쓰의 설을 그대로 따르고 있으니 참으로 한심한 일이다.

스에마쓰 야스카즈의 설을 충실히 따르는 대표적인 사람으로 김현구가 있다. 그런데 그는 임나를 가야라 하면서도 이를 지배한 것

임나와 가야 비교

	임나	가야
위치	쓰쿠시(筑紫 : 북큐슈)에서 2,000여 리, 북쪽은 바다로 막히고 계림(鷄林 : 신라를 말함)의 서남쪽	신라의 남쪽
건국년도	서기전 33년	서기 42년
멸망년도	서기 642년 이후	서기 562년
왕의 이름	아리사등(530년)	김구해(532년)
소속국	7국(비자발, 남가라, 탁국, 안라, 다라, 탁순, 가라), 또는 10국(가라, 안라, 사이기, 다라, 졸마, 고차, 자타, 산반해, 걸찬, 임례)	6국(금관가야, 아라가야, 고령가야, 대가야, 성산가야, 소가야)

이 일본이 아니라 백제였다는 설을 내놓았다. 그러나 임나를 차지한 백제가 일본의 완전한 속국이었다는 논리를 폈다. 결국 임나나 그를 차지한 백제나 모두 일본의 지배하에 있었다는 것이니, 스에마쓰가 일본이 임나만 지배했다는 것보다 더 매국적인 역사관을 보여준다.

백제와 일본의 주종관계를 알 수 있는 대표적인 유물이 칠지도(七支刀)이다. 백제 13대 근초고대왕이 왜왕에게 보낸 칠지도의 명문(銘文)을 보면 '제후왕에게 내린다'는 글귀가 있다. 그러므로 한일 고대사 연구의 권위자인 일본의 역사학자 우에다 마사아키(上田正昭, 전 교토대 교수)나 이 땅에 식민사학을 심은 이병도조차 칠지도를 백제의 하사품으로 보았다. 그러나 김현구는 근초고대왕이 "칠지도를 바쳤다."는 『일본서기』만 맹신하고, 칠지도에 대한 이병도나 우에다 마사아키의 분석을 모른 척한다.

백제가 왜의 속국이라고 보는 김현구는 나아가 백제에서 왕녀를 보내 천황을 섬기게 했다고 강조하여 이렇게 말한다.

> "직지왕이 누이 신제도원을 파견한 이래 461년 곤지를 파견할 때까지는 백제의 왕녀들이 왜에 파견되는 관행이 있었음을 알 수 있다. 신제도원·적계여랑·지진원 등이 그 왕녀들에 해당되는 것이다."
>
> – 김현구, 『고대 한일교섭사의 제문제』, 일지사, 2009, 167쪽

전지대왕(직지왕)이 누이 신제도원을 파견한 이래 461년 곤지를 파견할 때까지는 '백제의 왕녀들이 왜에 파견되는 관행'이 있었음을 알 수 있다고 했다. 그러나 신제도원을 파견한 것이 428년이고 곤지가 파견된 461년까지는 33년이나 되는데 그 사이에 설사 2~3명의 왕녀가 갔다 하더라도 이것을 관행이라고 할 수 있는가? 전혀 논리적이지 못할 뿐 아니라, 그 후에도 그런 예가 없는데도 어떻게 그런 결론을 내린단 말인가?

한편 김현구는 왕녀 이후 남자 왕족도 '천황을 섬기기' 위해 파견되었다고 한다. 백제 왕족들은 상국인 야마토 정권에 건너가 천황을 섬겨야 하며, 그러다가 천황의 심기를 거스르면 왕녀 지진원처럼 불에 타 죽기도 하는 파리 목숨 같은 존재이다.

김현구가 '왕족'이라고 주장한 의다랑, 마나군, 사아군에 대해 알아보자. 우선 의다랑은 『일본서기』 <부레쓰(武烈) 3년(501) 11월>조에

"백제 의다랑이 죽었다. 다카다(高田) 언덕에 장사지냈다."는 짤막한 기록이 전부로, 왕족이란 근거는 없으며 그가 언제 왜 일본에 왔는지도 일체 알 수 없다. 김현구가 위에서 의다랑 등의 '파견'이 '천황을 섬기기 위한 것'이라고 한 것이 거짓임이 바로 드러난다.

다음으로 마나군과 사아군은 같은 부레쓰 6·7년에 연이어 나오는데, 마나군은 왕족이 아니고 사아군만 왕족이라 명시했다. 결국 3명 중 사아군만 왕족인 것을 김현구는 감쪽같이 모두 왕족으로 둔갑시켰다. 학문이 아니라 사기요 속임수에 불과하니 할 말을 잃게 된다.

김현구의 이런 매국적인 사관을 한가람역사문화연구소장 이덕일이 『우리 안의 식민사관』(2014)에서 비판했다. 그러자 김현구는 이덕일을 명예훼손으로 고소했으며, 2016년 2월 서울 서부지방법원의 나상훈 판사가 1심에서 이덕일에 대한 징역 6월(집행유예 2년)의 유죄를 선고했다. 그러나 진실은 끝내 승리한다고 했던가? 사필귀정으로 2016년 11월 항소심 선고공판에서 지영난 주심판사는 명쾌한 논리와 법리로 원심을 파기하고 이덕일의 무죄를 선고했으며, 2017년 5월 대법원의 최종 판결 역시 같았다. '임나일본부설' 같은 거짓되고 매국적인 주장을 펴는 학자에게 법이 보호할 명예가 없다는 준엄한 심판이 아니겠는가?

이 재판이 진행되는 중간에 필자는 김현구의 매국사관을 두고만 볼 수 없어 그를 비판하는 『임나일본부는 없었다』(2016)라는 책을 냈으며, 그로 인해 항소심에 증인으로 출석하여 김현구의 잘못된 주장을 충분히 증언할 기회를 가진 것을 매우 보람 있게 여기고 있다. 그러므로 여기서 김현구의 거짓을 독자들에게 한두 마디로나마 폭로하지 않을 수 없다.

　그는 한일 관계를 파악함에 있어 우리의 기록은 믿지 않고 일본의 기록만 맹신하여 자기의 주장을 관철하려 했다. 그런데 일본의 기록조차도 그대로 소개하지 않고, 마음대로 거짓을 만들어 넣으며 무리하게 논리를 전개했다. 예를 들면 백제가 속국의 입장에서 왕족이나 왕녀들을 일본 천황을 섬기기 위해 일본에 보냈다고 하면서, 그 숫자를 과장하거나 목적이 천황을 섬기는 것이 아닌데도 그렇게 조작하는 등의 속임수를 썼다. 학자라는 사람이 왜 이렇게 속임수까지 써야 했을까? 앞에서 이병도가 행한 거짓을 보았는데, 해방 이후에도 학계가 역사학을 장악하여 70년이 넘다보니 자기들의 세상이 영원할 줄 알고 김현구 같은 인물이 계속 등장하는 것이다.

『삼국사기』를
믿지 마세요?

한사군이나 임나일본부설처럼 우리 민족의 역사가 처음부터 외세의 지배에서 비롯되었다는 식민사학의 논리를 '타율성론(他律性論)'이라 부른다. 우리는 원래부터 자주적인 능력이 부족해 이것이 필연이라는 억지 논리다. 또 이런 논리를 전개하기 위해서는 우리의 사회·문화 등 수준이 미개한 채로 정지되어 있었다는 점을 전제로 해야 하는데, 이를 '정체성론(停滯性論)'이라 부른다. 그래서 고조선 이래 우리 역사는 정체되어 왔으며 신라·백제·고구려의 삼국도 예외가 아니라는 것이 식민사관이나 매국사학의 중요한 관점이다.

이런 관점을 통용시키기 위해 일인들은 삼국의 역사를 미개한 것으로 만들어 그 발전하는 모습을 인정하지 않고 깎아내렸다. 그리고 그 방법으로는 『삼국사기』의 초기 수백 년 기록을 믿을 수 없다고 우겼다. 이른바 『삼국사기』 초기 기록 불신론'이라 불리는 것이 그것이다. 쉽게 말하면 삼국은 『삼국사기』 기록대로 서기전 1세기에 고대 국가로 건국된 것이 아니라, 서기 2~4세기까지 마한·진한·변한 등 70여 개의 읍락국가로 정체해 있다가 그 후에야 비로소 건국되었다는 것이다.

이런 거짓 논리를 만들기 위해 일제의 식민사학자들이 총동원되어 『삼국사기』 수백 년 기록은 믿을 수 없는 것이라는 조작에 몰두했다. 쓰다 소키치(津田左右吉)·이마니시 류(今西龍)·미시나 쇼에이(三品彰英)·스에마쓰 야스카즈(末松保和) 같은 인물이 그 대표로서, 이런저런 말도 안 되는 구실로 『삼국사기』 기록을 부정했다. 지금 한국의 매국사학자들도 물론 이러한 거짓을 비판하지 않고 충실히 따르고 있다. 그러나 불행 중 참으로 다행인 것은 고 최재석이 일본과 우리 학계의 이런 잘못을 이미 30년 전인 1980년대 중반에 낱낱이 분석·비판해두었다는 점이다. 물론 학계에서는 이에 대해 침묵으로 일관해오고 있다. 평생에 걸쳐 300편 이상의 논문을 남긴 학자인 최재석은 2016년에 세상을 떠났지만, 오로지 학문적 진실만을 추구한 그의 고매한 학자 정신은 영원할 것이다.

일본인들은 『삼국사기』를 어떻게 부정했는가? 우선 쓰다 소키치의 경우 『일본서기』와 『삼국사기』를 비교하여 서로 내용이 다르면 무조건 『삼국사기』 내용을 가짜로 몰아붙였다. 그야말로 '조폭' 같은 방식이다. 두 책의 내용이 다를 때 『일본서기』가 언제나 옳고 『삼국사기』는 언제나 틀리다는 논리가 논리인가? 더구나 『일본서기』는 역사서의 기본 중의 기본인 연대 표기부터 틀렸고 많은 허위 기사로

넘쳐난다는 사실은 쓰다 자신도 인정했을 정도이며 오늘날 일본사 연구자들에게는 상식으로 통한다.

최재석은 이러한 쓰다의 잘못된 『삼국사기』 비판을 면밀히 분석하여 그 허구성을 낱낱이 밝혔다. 즉 쓰다가 『삼국사기』를 부인한 내용이 모두 55가지나 되는데 그중 「신라본기」가 20개, 「백제본기」가 11개, 「고구려본기」가 24개라는 것이다. 그중 몇 가지만 예를 들어 보자.

- 신라 6촌을 형성한 조선 유민은 중국인이다. 즉 신라는 중국인을 기초로 건설되었는데, 박혁거세는 중국인 같지 않다.
- 4~5세기에 일본인이 임나일본부의 영토인 가야를 근거로 하여 신라와 대결한 명백한 사건이 나타나지 않으므로, 신라 상대(上代)의 기록은 허구이다.
- 신라 상대의 기사는 전부 공허하기 때문에 왜(倭)에 관한 기사는 모두 거짓이다.
- 백제의 왕명·계보·즉위·사망 등의 연대는 『일본서기』가 『삼국사기』보다 더 정확하다.
- 고구려 왕 중에 존재가 뚜렷한 이는 주몽·유류왕·대주류왕밖에 없다.

  – 최재석, 『삼국사기 불신론 비판』, 만권당, 2016, 39~65쪽에서 발췌

신라를 형성한 사람들이 중국인이라거나, 『삼국사기』에 왜가 신

라에 해적질 위주로 쳐들어온 내용 위주로 50여 회나 기록되어 있는 내용을 거짓이라 매도하는 것은, 임나일본부설을 기정사실화하기 위해 억지를 부린 것이다. 또 백제의 왕들에 관한 기록이 『일본서기』가 더 정확하다거나 고구려의 왕들을 거의 인정할 수 없다는 주장도 제대로 된 역사학자라면 차마 입에 담을 수 없는 야비한 발언이다.

『삼국사기』 불신론은 이마니시 류에 이르러 절정에 달한다. 이마니시 류는 도쿄제국대학 최초의 한국사 전공 박사로서 일제 강점기 초기인 1916년에 조선총독부 산하 조선고적조사회에 들어가 본격적으로 한국의 문헌사료는 물론 유적·유물의 조작에 나섰으며, 1925년에는 조선총독부 직속 조선사편수회 직원이 되어 학술적·행정적으로 한국사를 말살하는 데 선봉에 섰던 자이다. 이 과정에서 이병도 같은 매국적인 한국인 제자를 여럿 길러냈다.

최재석은 이마니시 류가 『삼국사기』 「신라본기」에서 21개, 「백제본기」에서 10개 항목을 조작으로 몰았다고 분석했는데 그 중요한 대목은 이렇다.

- 박혁거세의 즉위년은 후대 왕의 계승 연대에서 계산하면 성립되지 않는다.
- 진흥왕 이후에야 비로소 믿을 수 있는 역사가 나온다.
- 백제가 참다운 역사시대에 들어온 것은 4세기 중엽 13대 근초고왕부터였다.
- 일본의 문화가 반도에서 왔다고 하지만 그것은 반도의 문

화가 아니라 중국의 문화가 반도를 경유한 것에 지나지 않는다.

– 최재석, 『삼국사기 불신론 비판』, 만권당, 2016, 77~88쪽에서 발췌

이마니시의 이러한 주장들은 그 목적이 앞의 쓰다와 동일하게 『삼국사기』를 난도질하는 것이지만, 중요한 것은 그의 주장에 아무 근거가 없으며 그저 한두 부분을 꼬투리 잡아 '믿을 수 없다'고 우기는 것이다. 박혁거세의 즉위년이 맞지 않다거나, 진흥왕 이후 또는 근초고왕 이후에야 믿을 수 있는 역사라는 등 그의 주장은 무조건 우리 역사를 잘라버리자는 수작 이외에 아무것도 아님을 알 수 있다.

이마니시의 연구라는 것이 학문적 진실을 도외시하고 식민사관의 정치적 목적에 부응한 것이라는 점은 근래의 일본인 학자도 인정하고 있다. 이마니시의 『백제사 연구』 서문을 쓴 일본의 양심적 학자 나이토 도라지로(內藤虎次郎)는, "『일본서기』의 연대에 의심을 품는 연구자가 많았기 때문에 그 유력한 방증으로 『삼국사기』를 참고하는 경향이 있었으나, 이마니시 이후로는 비로소 『일본서기』를 믿고 『삼국사기』는 부인하는 풍토가 되었다."고 말했다.

또 이마니시의 『신라사 연구』라는 책이 2008년에 한국어로 번역되었는데, 옮긴이인 이부오와 하시모토 시게루(橋本繁)라는 일본 학자는 서문에서 이마니시의 문제점을 이렇게 털어놓았다.

"이마니시의 연구에는 논증이 부족한 상태에서 도출된 결론

도 적지 않게 확인된다. …… 진흥왕 때부터 비로소 믿을 만한 역사가 있다는 주장도 지극히 직관적일 뿐만 아니라 막연히 신라 후진론에 근거한 결론이라 할 만하다. …… 이처럼 이마니시가 신라사 연구의 근대적 체계를 세우는 동시에 한계점도 드러냈다. 그의 신라사 연구가 일제 식민통치를 학문적으로 뒷받침하는 범위 내에서 이루어진 점도 부정할 수 없다."

참으로 정확한 지적이 아닐 수 없으니, 이마니시의 연구가 식민사관에 의한 것이었으며 논증이 부족하고 막연한 신라 후진론에 맞춘 것이었음을 명확하게 알게 된다. 이 대목에서 참을 수 없는 분노를 느끼게 되는 것이 바로 이병도 이후 이 땅의 고대사 학자라는 사람들이 이와 같은 비판조차도 모른 척하고, 이마니시의 거짓을 비판하기는커녕 꼭두각시처럼 그를 추종하는 매국적 행태를 지속하고 있다는 엄연한 현실이다. 이제 곧 그들만의 거짓말 잔치가 끝날 것이라는 기대는 필자만의 외로운 망상이 아니라고 믿는다.

700년 삼국시대,
날아가버린 400년

이제 우리 고대사학계에서 쓰다 소키치나 이마니시 류를 맹종하여 매국적 역사관으로 말살하고 있는 삼국 역사의 실태를 구체적으로 알아보자. 매국사학의 원흉인 이병도는 『삼국사기』에 기록된 삼국의 건국 시기를 완전히 부정한다. 신라는 박혁거세거서간 때가 아니라 17대 내물이사금 때 건국되었다고 일인들과 같은 엉터리 주장을 폈으며 이것이 학계의 부정할 수 없는 정설로 행세하고 있다.

내물이사금은 재위 기간이 356~402년으로 박혁거세의 건국 연대보다 400년 이상 뒤진 것이다. 이병도의 논리는 신라가 이와 같이 4세기 후반에 '건국'되었으므로 실질적인 삼국시대는 그때부터 고구려와 백제가 망한 7세기 후반까지의 약 300년에 지나지 않는다는 것이다. 『삼국사기』에서 기록한 700년 넘는 삼국시대를 절반 이상

뚝 잘라서 버렸으며, 그 이전 400년은 삼국시대가 아니라 삼한(마한·진한·변한)에 78개의 후진적 읍락국가가 난립한 시대였다는 것이다.

삼국이 건국되기 전에 있던 한국(마한·진한·변한의 '삼한'으로도 말하며 오늘날 대한민국이라는 국명도 여기서 유래했다)에 대해 잘못된 학계의 관점을 간략히 언급하겠다. 한국은 중국의 기록에 서기전 3세기에 이미 존재하고 있었으며 그 지역이 한반도가 아니라 중국 동해안 지역이었음이 드러난다. 그런데 중국의 역사서는 후한(25~220년)이나 삼국시대(220~280년)에도 여전히 한국이 존재한 것처럼 기록하여 그 나라 이름 78개를 열거해놓았다. 이는 중화사관에 의해 우리의 고대사를 심하게 왜곡한 것이다. 『삼국사기』를 보면 신라가 건국된 서기전 57년에 진한은 6촌이 통합하여 이미 신라가 되었으며, 백제를 건국한 온조대왕은 역시 마한을 통합했다.

이제 학계에서 보는 삼국 건국을 비판해 논하겠다. 학계에서는 신라의 건국이 가장 늦어 17대 내물왕 때인 4세기 중반에 와서야 국가다운 면모를 갖추었다고 한다. 『삼국사기』에 신라의 건국을 서기전 57년이라고 한 것과 비교하면 400년이 넘는 신라의 역사를 잘라버려 불구로 만든 것이다. 이것은 이병도와 일본 식민사학자 다수의 설로서 그나마 빠른 편이며, 쓰다 소키치는 19대 눌지왕, 오타 아키라(太田亮)는 21대 소지왕, 미시나 쇼에이는 22대 지증왕, 스에마쓰 야스카즈는 23대 법흥왕, 이마니시 류는 심지어 29대 무열왕 때로 신라의 건국을 늦추었다.

이러한 작태를 보면 아무리 식민 지배를 뒷받침하려는 것이었다 해도 너무 지나친 것이며 또한 이런 견해들이 학문적 고찰의 결과라고 할 수 없음은 자명하다. 일본인들의 이런 어처구니없는 주장에 대해 이병도는 한마디도 비판하지 않았으며 자신 또한 그들과 다름없는 주장을 한 것이다. 신라의 건국 시기를 깎아내리는 이병도의 주요 논거는 신라 초기의 6촌이나 6부는 씨족적 또는 씨족이 붕괴된 직후의 산물이라는 것이며, 이러한 견해가 식민사학자인 이마니시 등의 설과 다르지 않음을 스스로 밝혔다.

그러나 『삼국사기』에 신라는 초기부터 강한 고대 정복국가의 모습으로 기록되어 있는데 주요한 내용은 다음과 같다.

- 시조 혁거세거서간 8년 왜인이 침범했으나 시조의 신덕이 있음을 알고 물러갔으며, 19년에는 변한이 항복해 왔다.
- 5대 파사이사금 때(서기 102)는 음집벌국을 정벌하매 실직, 압독의 2국도 항복하였다. 106년에는 가야를 정벌하고 107년에는 비지국, 다벌국, 초팔국을 정벌하여 병합하였다.
- 9대 벌휴이사금은 소문국을 정벌하였다.
- 11대 조분이사금은 감문국, 골벌국을 군으로 삼았다.
- 15대 기림이사금 때(서기 300)는 낙랑, 대방 두 나라가 복속해 왔다.

이처럼 신라는 기회가 있는 대로 꾸준히 정복 활동을 했는데 어찌 씨족사회 운운하는가? 한편 내물왕 때는 왜와 말갈의 침입을 물리친 외에는 47년의 재위 기간 동안 큰 업적도 기록되지 않았는데 무슨 근거로 신라가 17대 내물왕 때에야 건국되었다는 것인가?

그 전에 고구려의 건국은 삼국 중 가장 빨라 일반적으로 6대 태조대왕 때 엄밀한 의미의 고대 국가가 건국되었다고 보는 한편, 백제는 8대 고이왕 또는 13대 근초고왕에 와서야 실질적 건국이 이루어졌다고 학계에서는 주장한다. 먼저 고구려의 건국 기록을 검토하여 주몽대왕의 고구려 건국이 실재한 역사였는지 아니면 전설에 불과한지를 보자. 주몽대왕이 부여에서 도망하여 남쪽으로 와서 강을 건너려 했으나 추격군이 쫓아왔다. 이때 마침 물고기와 자라가 다리를 만들어 강을 건넌 대왕은 추격군을 따돌릴 수 있었다. 이 내용은 『삼국사기』와 「광개토대왕릉 비문」에 기록되어 있다.

「광개토대왕릉 비문」이 청나라 말기에 발견되었으므로 고려 때 편찬한 『삼국사기』는 그 비문 내용을 모르는 상태에서 기록한 것인데도, 두 내용이 거의 같다는 사실은 『삼국사기』 내용이 조작이거나 전설이 아니라는 유력한 증거다. 또 『삼국사기』보다 약 100년 후에 쓰인 이규보의 「동명왕편」에도 위와 거의 같은 내용이 있는데, 이규보가 자신의 서문에 "『구삼국사』를 보았다."고 밝혔으므로 『삼국사기』 역시 『구삼국사』 기록을 토대로 한 것이라 하겠다.

반면에 이병도는 계루부의 주몽 이전에 소노부에서 왕 노릇했다는 중국 기록을 앞세우면서 '왕'이라고 표현한 것도 자기 멋대로 '거수(맹주 격)'로 격하하여 해석했을 뿐 아니라, 고구려를 한(漢)나라에서 봉작을 받는 제후국 취급을 했다. 이런 발상은 일제 식민사학자들의 『삼국사기』 초기 기록 불신론'을 추종하여, 우리 기록은 무시하고 중국 쪽 기록만 받아들이는 사대주의적 행태로서, 크게 잘못된 것이다.

고구려가 한나라의 제후국일 수 없으며 오히려 한나라에 빼앗긴 고조선의 옛 땅을 되찾기 위해 건국한 나라라는 사실에 유의해야 한다. 『삼국사기』를 보면 이런 사실을 쉽게 확인할 수 있다. 동명성왕(주몽)은 원년에 말갈 부락을 물리쳤으며 다음 해에 비류국왕 송양의 항복을 받아 영토를 넓혔는데 그곳을 다물도(多勿都)라고 했다. 다물이란 말이 옛 땅의 회복을 뜻하므로 고구려를 세운 큰 뜻이 고조선의 잃어버린 옛 땅을 찾는 데 있다는 것을 널리 알리기 위하여 다물도라 이름 한 것이 틀림없다. 고조선의 잃어버린 땅이 요동, 현도, 낙랑군 등 한나라의 영토가 되어 있어 이를 되찾기 위해 요동, 현도와의 경계 부근에 고구려를 건국한 동명성왕이, 한나라의 봉작을 받는 제후(거수)라는 발상은 고구려의 자존심을 깎아내리는 반민족적 사관이다.

　초기의 고구려를 부족연맹 단계로 규정한 이병도는 주몽대왕에 의한 고구려 건국을 부정하고 고대국가로서의 실질적 건국이 6대 태조대왕 때 이루어진 것이라 주장했다. 이병도는 그 근거로 태조대왕이 패자·우태 등의 관직을 임명한 사실을 거론하였으나 패자, 우태는 지방(5부)의 관직명에 불과하다.

　그런데 태조대왕은 좌보와 우보를 임명한 사실도 있다. 좌보와 우보는 왕의 대신들인 중앙관직이다. 그런데 이병도는 왜 중요한 중앙관직을 제쳐두고 지방관직을 예로 들었을까? 중앙은 물론 지방까지도 관제를 완비했다는 뜻일까? 대답은 물론 '아니요'다. 태조대왕의 전 3대 대무신대왕 때 이미 좌보와 우보를 임명한 사실이 나와 있으므로 태조대왕 때 좌보와 우보를 임명한 것이 최초라고 내세울 수 없었던 것이다. 또 2대 유리명왕 때에는 최고의 관직인 대보도 있었다. 이와 같이 고구려는 『삼국사기』의 건국 초기부터 관직명이 나타나는데도 불구하고 이를 감추고 태조대왕 때 와서야 관직명이 보인다니, 이러고도 학자라고 말할 수 있는가?

이병도는 태조대왕을 시조로 보는 다른 중요한 이유를 정복국가로서의 체제를 갖추고 나아가 한나라에까지도 공세를 개시했다고 강조하면서, 그 이전 다섯 대왕의 시대를 과도기로 그 의미를 격하했다. 그러나 이 또한 『삼국사기』에 기록된 다섯 대왕들의 정복 활동과 중국에 대한 공세를 감추고 태조대왕의 업적만 거론한 것이니, 이것이 그가 말하는 '엄밀한 문헌고증'의 방법인가?

태조대왕 이전에 『삼국사기』에 보인 정복에 관한 기사를 간추리면 다음과 같다.

- 시조 동명성왕 : 즉위와 동시에 말갈을 물리치고 다음 해에는 비류국을 항복받았으며, 그 뒤 행인국을 정벌하고 북옥저를 멸하였다.
- 2대 유리명왕 : 선비를 항복시켜 속국으로 삼고 침입한 부여군을 섬멸시켰으며, 양맥을 멸망시키고 한나라의 현도군을 습격하였다[고구려가 건국과 더불어 정복국가의 면모를 여실히 보여주는 동시에 다물(고토 회복)을 위해 중국에 공세를 개시하는 모습이 잘 나타나 있다].
- 3대 대무신대왕 : 갈사왕의 항복을 받고 개마국을 군현으로 삼으니 구다국은 두려워 항복했다. 또 요동태수의 침입을 회유로 물리치고 낙랑국을 멸했다.

- 5대 모본대왕 : 한나라 깊숙이 북평, 어양, 상곡, 태원을 습
  격하였다.

이상 열거한 15건의 정복과 전쟁에 관한 일이 태조대왕 이전 90년 동안에 있었는데, 이병도의 주장대로 고구려가 부족국가에 불과했다면 뭘 믿고 천하의 강대국인 한나라에까지 도전할 수 있었는지 의아할 뿐이다.

고구려의 건국을 이와 같이 실제보다 90년이나 늦춘 이병도는 백제와 신라의 건국은 더욱 많이 늦었다고 보았는데, 이병도는 온조대왕의 건국 사화를 고구려의 경우처럼 전설로 간주하고 8대 고이대왕 27, 28년(서기 260~261)을 백제의 건국 시기라 하여 300년가량이나 싹둑 잘라냈다. 그 근거로는 관제와 복색(服色) 및 법금(法禁)을 정비한 기록을 들었으나 이는 자의적인 기준일 뿐, 전혀 객관성이 없다. 고이대왕이 태조라면 그 즉위년부터 건국으로 보아야 할 것이며 특정한 사안을 가지고 건국 여부를 논하는 것은 이치에도 맞지 않다.

고이대왕을 시조로 만든 이병도는 그 이전의 『삼국사기』 기록은 후세에 윤색한 것이라고 주장하였으나 누가, 왜 그렇게 하였는지 근거를 대지 않았다. 그런데 흥미로운 사실은 쓰다 소키치를 비롯한 대부분의 일본 식민사가들은 8대 고이왕이 아니라 13대 근초고왕에 와서야 백제가 건국되었다고 주장한 점이다. 이들의 주장이 틀렸고 이병도 자신의 주장이 옳다면 이병도는 그 이유와 근거를 명확하게 설명했어야 한다. 그러나 그는 자신의 입장보다 백제의 건국을

100년이나 더 늦춰 본 일본인들의 입장을 모른 체하고 일체 비판하지 않았다. 자기 자신 역시 『삼국사기』 초기 기록 불신론'을 신봉하고 있는 같은 입장이기 때문이다.

이병도의 수제자인 이기백은 한때 역사학계를 대표하는 학자로 이름을 날렸다. 이기백은 백제가 고대국가로 등장하는 것이 13대 근초고왕 때로 생각된다고 주장했다. 그의 스승 이병도는 그나마 8대 고이왕 때 건국되었다고 했는데도, 이기백은 이런 입장을 취하지 않고 더 늦추었다. 그는 왜 스승의 주장보다 더 거꾸로 갔을까? 답은 매우 간단하다. 쓰다 소키치를 비롯한 대부분의 일본 식민사학자들이 근초고왕 때라고 주장한 것을 추종한 것이다. 이병도가 이를 거슬러 고이왕 때로 건국을 다소 앞당겼지만, 이기백은 직접 스승보다는 일본 식민사학의 정론을 따라야 한다고 고백한 것에 다름아니다.

이기백은 쓰다 소키치가 "근대적·학문적 비판"을 했다며 극찬한 인물이다. 최재석 같은 민족사학자는 쓰다의 글을 조목조목 비판하여 그 허구를 지적한 데 비해 이기백은 쓰다를 근대적 대학자로 숭앙하였으니 그의 매국적 행태를 잘 알 수 있다. 이런 이기백에 대해 윤내현은 날카로운 비판을 서슴지 않았다. 즉 고조선이 이미 고대 국가 단계에 진입해 있었기 때문에 한국과 또 그 한국을 이은 삼국이 비록 초기에는 그 세력이 작았다고 해도 어엿한 고대 국가라고 갈파한 것이다.

그러나 이기백은 고조선이 미개한 사회였다는 전제 아래 단절사적으로 바라본다. 한사군처럼 외국의 식민 지배 기간에는 크게 발전했다가 그 지배가 끝나고 삼국이 들어서면 다시 미개한 사회가 된다는 것이다. 그러니 과거 한나라의 식민 지배가 우리 민족에게 축복이었던 것처럼 일제 식민 지배도 축복이 되는 것이다. 바로 이런 이야기를 하기 위해 일본인들이 『삼국사기』를 부정한 것인데, 겉모습만 한국인인 이기백 같은 자들이 이를 그대로 추종한 것이다.

한편 김철준, 이홍직, 이기동 등 당시의 주류 학자들도 모두 『삼국사기』 초기 기록 불신론'에 가세했다. 이홍직은 "신라·고구려·백제 삼국의 개국 기년을 『삼국사기』가 전하는 대로 믿는 사람은 오늘날 아무도 없을 것"이라고 호언장담했다. 국사학계는 자기들이 말하면 진리가 되는 세상이 된 것이다. 또 이기동은 윤내현의 『고조선연구』에 대해 "북한의 리지린의 견해와 거의 다를 바 없는 주장"이라며 매카시즘적 공세를 펼쳤다. 학문적으로 윤내현을 비판하지는 못하고 용공(容共)으로 몰아 제거하여, 자기들의 세상을 굳히려는 이런 작태가 진정한 학자의 자세인가?

이와 같은 대표적 매국사학자들에 대해 낱낱이 비판했던 최재석은 2011년에 『역경의 행운』이란 자서전을 냈다. 이 책에서 그는 자신이 『삼국사기』 초기 기록 불신론'을 체계적으로 비판한 지 25년이 지났지만 아무런 반응을 보이지 않는다고 비판했다. 그러면서 이미 세상을 떠난 이병도, 이기백, 김철준 대신 이기동이 7가지 질문에 공개적으로 답변하라고 요구했다. 그러나 이기동이 응하지 않았음은 물론이다. 이런 사람이 한국학중앙연구원이라는 국고로 운영하는 연구기관의 장으로 건재하다. 그는 박근혜 정권에서 국정 역사 교과서 파동 때 정부의 지시에 맹종한 적폐 세력이기도 하다.

최재석은 이기백, 김철준, 변태섭, 이기동 등 주류 학자들이 특히 스에마쓰 야스카즈를 추종하고 추켜세운 점을 질타했다. 스에마쓰는 앞에서 본 대로 임나일본부설을 체계화한 가장 악질적인 식민사학자였다. 그는 광복 이전에 경성제국대학(오늘날 서울대) 교수로 있었으며, 광복 후에도 계속 서울대를 들락거리며 한국 학자들을 지도한 자이다. 최재석은 『한국고대사회사방법론』에서 스에마쓰의 「신라상고사론」에 대해 71쪽에 걸쳐 비판하며, 그의 주장이 사료적 근거가 없는 자의적 왜곡임을 명백히 밝혔다. 학계의 맹목적인 스에마쓰 추종이 분명해지는 대목이니, 일본 극우파들과 다름없는 매국사학자들을 언제까지 이 사회가 용납해야 할까?

대륙에 서린
삼국의 웅지

고구려·백제·신라의 삼국은 물론 그 전에 건국된 부여·예·옥저 등은 모두 고조선이 붕괴된 땅, 즉 대륙에서 일어났다. 앞에서 고조선의 주 영토가 대륙이었음을 보았으므로 이러한 역사는 너무나 당연한 것이다. 그러기에 일인들이 우리의 광대한 역사를 말살하기 위해 '반도사관'으로 그 영역을 축소시키려고 그토록 광분한 것이었다(〈지도3〉 참조).

우선 고구려의 건국지가 어디였는지 보자. 「광개토대왕릉 비문」이나 『삼국사기』에 보면 추모(또는 주몽)대왕은 부여에서 피신하여 남쪽으로 왔으며 졸본에 도읍하고 고구려를 세웠다. 당시 부여는 중국 연(燕)나라의 북쪽에 있었는데, 대왕은 부여의 가장 남쪽 연나라와의 경계 지역에서 건국했다는 것이다. 연나라는 오늘날 베이징 부근에

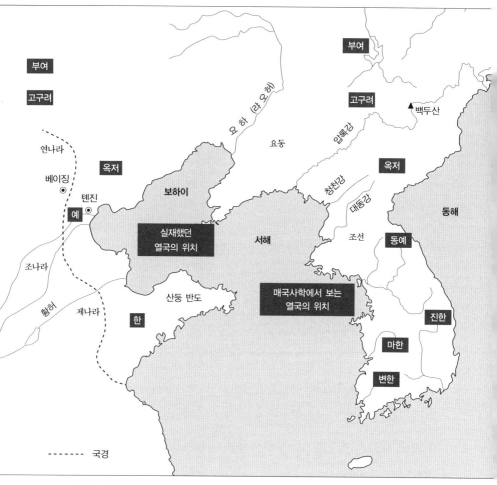

지도3 열국의 실재 위치와 식민사관의 입장 비교. 열국의 실재 위치는 보하이만을 중심으로 남쪽과 북쪽의 대륙 일대였으나 매국사학에서는 이를 모두 한반도를 축으로 한 곳으로 옮겨버렸다.

있었으므로, 고구려는 그 북쪽인 오늘날 허베이성 중부에서 일어난 사실을 알게 된다. 이를 뒷받침하는 고구려 초기의 기록이 2가지 있다.

첫째, 5대 모본대왕의 한나라 침입이다. 서기 49년에 모본대왕은 한나라의 우북평, 어양, 상곡, 태원을 침입했다고 기록되어 있다. 이 군들은 베이징의 서쪽과 남쪽에 있었으며, 이 중 태원군은 지금의 산서성(산서성山西省) 태원시로서 황허(黃河)에 가까운 곳이며, 위 4개의 지명 중 베이징에서 서남쪽으로 가장 멀다. 모본대왕이 이들 지역을 공격한 것은 고구려가 그곳으로부터 멀지 않은 위치에 있었기에 가능한 작전이었다.

만약 학계의 주장처럼 고구려가 압록강변에 있었다면 이들 군까지 가기 위해서는 현도·요동·요서군 지역을 통과하여 수천 리를 군대를 이끌고 진군해야 하는데, 현도 등 다른 군에서 적국인 한나라 군대와 충돌 없이 지나간다는 것은 불가능할 뿐 아니라 매우 무모하고 멍청한 공격이 아닐 수 없다. 정황이 이러하므로 이병도는 당시 고구려의 세력이 그렇게 멀리까지 침략할 처지가 못 되었기 때문에 고구려가 침입한 것이 아니라고 했다. 『삼국사기』를 부정한 것인데, 미안한 말이지만 이 내용은 중국의 기록에도 명확히 나와 있어 전혀 설득력이 없다.

둘째, 6대 태조대왕이 요서에 쌓은 10개의 성이다. 태조대왕은 요서에 10개의 성을 쌓아 한나라에 대비했다고 기록되어 있다. 이 기록은 고구려의 국력을 잘 보여주는 동시에 당시 고구려가 압록강변에 치우친 나라가 아니었던 사실을 극명하게 보여준다. 여기의 요서는 고구려의 요서를 가리키는 것이지만 한나라에도 요서군이 있었으며 그 위치는 오늘날 베이징의 서남쪽이었다. 반면 고구려의 요서는 정확하게 알 수 없으나 오늘날 랴오시(요서) 지역이었을 것으로 추정된다.

이 요서에 대하여 학계에서는 고구려의 요서라는 개념 자체가 없고, 한나라의 요서는 예나 지금이나 지금의 랴오시(요서) 지방으로 인식하고 있기 때문에 위 기록이 생소하기만 하다. 따라서 이병도는 한나라의 요서에 고구려가 성을 쌓았다니 믿기 어렵다고 부정했다. 태조대왕을 고구려의 건국 시조라 주장한 주제에 태조대왕 때의 기록마저 자신의 매국사관과 맞지 않으니까 또 부정한 것이다. 참 편리한 생각이다.

백제는 어디에서 건국되었을까? 추모대왕이 도읍한 곳이 졸본이었는데 백제의 시조 온조대왕은 형 비류와 어머니 소서노를 모시고 졸본으로부터 남쪽으로 내려와 백제를 세웠으며, 패수, 대수라는 두 강을 건너 미추홀에 가서 살았다고 한다. 이 두 강은 모두 낙랑군을 흐르는 강인데 앞에서 낙랑군이 보하이(발해) 서안임을 살펴보았으므로, 백제의 건국지가 대륙의 허베이성 남부였음을 짐작할 수 있다.

그런데 이병도는 온조대왕이 압록강 부근의 졸본에서 지금의 평안도, 황해도를 거쳐 서해안 지역으로 왔다고 설명했다. 그러나 이것은 말도 안 되는 헛소리다. 평안도와 황해도는 이병도 자신의 입으로 한나라의 낙랑군이 지배하던 곳이라고 한 지역이다. 한나라와 우리는 서로 칼을 거눈 적이었는데 어떻게 적지인 낙랑 땅을 무사히 통과한다는 말인가? 한나라에서 무사 통과를 보장하는 '프리패스'라도 발급해주었단 말인가? 이병도 자신도 온조대왕이 낙랑군을 통과했을 것으로는 생각하기 어려웠기 때문에 '낙랑'이라는 표현 대신에 생뚱맞게 현대의 지명인 '황해도, 평안도'를 들먹였다. 부끄러움을 모르는 태도다.

백 번 양보해서 이병도의 거짓 주장대로 고구려의 졸본이 압록강 북쪽이었다면 거기서부터 내려오는 온조대왕은 평안도의 낙랑군을 피해 함경도와 강원도 쪽으로 와야만 최소한 앞뒤가 맞다. 그런데 북한의 강들은 서해로만 흐르며 함경도나 강원도에는 패수든 대수든 갖다 붙일 강이 없다. 그래서 할 수 없이 황해도, 평안도(=낙랑군)를 지났다고 얼버무렸다.

백제가 이와 같이 대륙에 있었기에 초기 기록에도 그 증거가 나타난다. 즉 온조대왕이 신하들에게 나라의 동쪽에 낙랑군이 있음을 우려한 일이 있다. 즉 '백제의 동쪽에 낙랑이 있다'고 하였으므로 백제가 보하이만 서안에 있던 낙랑군의 서쪽에 있었음이 확인된다. 여기서도 학계의 거짓말은 여지없이 드러난다. 만약 백제가 한강 유역에 있고 낙랑이 대동강 유역이라면 백제는 낙랑의 서쪽이 아니라 남쪽이어야 한다. 다시 말하면 낙랑의 서쪽에는 백제가 있는 것이 아니라 서해바다만 있을 뿐이다.

위 온조대왕의 말이 이병도의 발목을 잡으므로 그는 2가지 억지 주장으로 이를 벗어나려 했다. 그 하나는 이 기록을 온조왕 때가 아니라 후대 비류왕(재위 304~344) 초년의 기사로 여겨진다고 강변한 것이다. 물론 자기 멋대로 연대를 바꾼 것일 뿐 아무 근거가 없다.

또 하나는 정말로 유치하게도 온조대왕이 방향을 잘못 말했다고 우긴다. 즉 백제의 북쪽이 낙랑인데 동쪽의 말갈과 바꿔 잘못 이야기했다는 것이다. 이런 일이 과연 있을 수 있을까? 온조대왕이 주위 나라의 방향도 구별하지 못할 만큼 어리석은 인물이거나 아니면 실수로 동서남북을 헷갈려 잘못 말했다는 것인가? 지금으로 치면 대통령이 북한이 우리 북쪽이 아니라 동쪽에 있다고 말한 셈이다. 그리고 그것을 그대로 기록했다는 것이다.

이병도의 말도 안 되는 억지와는 달리 온조대왕이 올바로 이야기한 사실은 분서왕이 304년에 낙랑의 서쪽 현을 공취했다는 또 다른 기록에서도 증명된다. 낙랑의 서쪽 현을 공취했다는 것은 백제가 낙랑의 서쪽에 있었다는 사실을 반증한다. 또 당시는 낙랑군 남쪽에 대방군이 있던 때이기 때문에 한반도에서라면 백제는 북쪽으로 대방을 거치지 않고는 낙랑을 칠 수 없으며, 설사 친다고 해도 남쪽을 치게 되며 서쪽 현을 칠 수는 없다. 상황이 이러하므로 국사편찬위원회의 한국사데이터베이스는 이 기사를 또 이렇게 엉터리로 설명하고 있다.

"백제와 인접한 군현은 낙랑이 아닌 황해도 지역의 대방군이었기 때문에 백제와 낙랑의 충돌은 불가능하였다. 대방군이 설치된 이래 고구려는 주로 낙랑군, 군현의 남쪽에 거주하는 한(韓)족 세력은 대방군에서 관할하였다. 따라서 '낙랑'으로 표기된 것은 '대방'의 잘못된 기록이며, 군현의 상징성 때문에 대방을 대신하여 낙랑으로 기록되었을 가능성이 높다."

국사편찬위원회도 매국사학자들이 점령하고 있으니 이런 해괴한 설명으로 둘러대고 있음을 독자들은 명확히 알아야 한다. 『삼국사기』는 당대 최고의 학자 10여 명이 옛 기록을 근거로 편찬한 것인데도, 그런 기록을 갖고 있지도 않은 지금의 학자라는 사람들이 걸핏하면 『삼국사기』를 부정하니 온당한 태도일 수 없다. 또 낙랑을 대방이라 해도 백제가 그 서쪽 현을 쳤다면 백제나 대방이나 한반도에 있지 않은 사실은 달라지지 않는데도 이에 대한 설명이 없다. 무조건 반도사관에 끼워 맞추려는 것이다.

그리고 위 내용에서 또 하나 매우 불쾌한 것은 낙랑군에서 고구려를 '관할'하고 대방군에서 한(韓)족 세력을 '관할'했다는 내용이다. 당시 고구려나 한국(백제와 신라라야 맞다)이 당당한 강국으로 중국과 대립하였는데도 이 나라 사학자라는 자들이 3국을 중국의 속국인 것처럼 중국에서 '관할'했다니, 국사편찬위원회에서는 직원들의 주민등록증을 반납받고 중국인 신분증을 새로 발급해주었는지 묻지 않을 수 없다.

다음에 신라도 백제의 동쪽이었으므로 보하이만의 남안과 중국 동해의 산둥성 지역에 있었음은 당연한 귀결이 아닐 수 없다. 이 신라도 건국 초기부터 북쪽의 낙랑군과 부딪쳤다. 낙랑은 시조 혁거세거서간 때 이후 3대 유리이사금에 이르기까지 도성과 북쪽 변경에 5회나 침입하여 괴롭혔다.

이때 만약 신라와 낙랑군이 매국사학자들의 주장대로 한반도의 경주와 평양에 있었다면 서로 인접하지 않아 낙랑에서 신라를 침범할 일이 없어야 옳다. 고대사 학계에서 거짓으로 주장하는 바에 따르면 신라의 북쪽에는 동예가 있었고 서쪽은 백제이니, 낙랑과 신라는 인접하지 않고 한 나라(동예)를 사이에 두고 멀리 떨어진 나라였던 것이다. 만약 낙랑의 신라 침범 기록에 관해 학계에 묻는다면, 필경 신라 초기의 여러 번의 낙랑 관계 기사를 믿을 수 없다고 『삼국사기』를 부정할 것이 틀림없다.

고구려의 평양은
랴오둥에 있었다

삼국이 대륙에서 일어났음을 보았으므로 이제 후대의 구체적 지명을 보기로 하겠다. 고구려는 졸본에서 도읍을 가까운 환도성으로 옮겼다가 11대 동천왕 때인 247년에는 다시 평양으로 옮겼다. 이때는 중국 삼국시대의 위(魏)나라의 침입으로 환도성이 파괴되어 새로 평양에 성을 쌓아 옮긴 것인데 그곳은 옛 고조선의 평양이라 했다. 이 평양을 오늘날 북한의 평양으로 본 이병도는 당시 그곳에 낙랑군이 엄연히 존재했으므로 천도하는 것은 불가능하다고 또 『삼국사기』를 부정했다.

이병도는 고구려가 6대 태조대왕 때 건국되었다고 주장했으므로 그보다 훨씬 후대의 이 기록은 믿어야 할 텐데, 또 부정한다. 매국 사관에 맞지 않으면 『삼국사기』는 언제나 휴지 조각이 되는 것이다.

상식적으로 생각하면 평양으로 천도했다니까 그 평양은 아마도 지금의 평양이 아닌 다른 곳이었을 것으로 보아 그 평양을 찾으면 된다. 그러나 그렇게 하면 만주의 옛 평양이 드러나므로 그렇게 할 수가 없는 것이다. 반도사관의 테두리를 벗어나는 것은 매국사학에 있어 자살 행위나 마찬가지이기 때문이다.

고구려는 후일 장수왕 때 마지막 도읍 평양으로 옮겼는데 이전의 평양과는 다른 곳이다. 두 평양 모두 지금의 평양이 아닌 대륙의 평양이었는데, 여기서는 마지막 평양을 살펴보자. 중국의 수나라가 남북을 통합한 후 양제는 612년에 200만 대군으로 고구려에 쳐들어왔다. 수나라의 9군은 요수를 건너 요동에 이른 뒤 "압록수의 서쪽"에 재집결했는데 을지문덕 장군이 압록수를 건너와 거짓 항복하겠다고 속이고 다시 압록수를 건너 돌아갔다. 수나라는 뒤늦게 속은 것을 알고 압록수를 건너 '동쪽으로' 추격하여 살수를 건너 평양성에서 30리 되는 곳에 진영을 베풀었다.

반도사관에 입각한 매국사학에서는 이 압록수를 당연히 오늘날 압록강으로, 그리고 살수를 청천강으로 보고 있으며, 각급 학교에서 모두 이렇게 가르치고 있다. 그러나 이는 위의 상황과 전혀 맞지 않는다. 수나라 군사가 "압록수의 서쪽"에 집결했다고 했는데, 만약 압록수가 오늘날 압록강이라면 〈지도4〉에서처럼 동서로 흐르는 압록강의 서쪽이 아니라 북쪽에 집결해야 맞다. 또 수나라 군대가 압록수를 건너 '동쪽으로' 나아가 살수를 건넜다고 했다. 살수가 청천강이라면 압록강을 건넌 후 '남쪽으로' 진격해야 청천강에 이르게 되는 것은 삼척동자도 아는 일이다.

지도4 압록수[지금의 랴오허(요하)]와 살수(지금의 소자하).

위의 압록수는 오늘날 랴오허(요하遼河)를 말한 것이다. 그러므로 수나라 군대가 〈지도4〉의 남북으로 흐르는 이 랴오허의 서쪽에 집결한 것이며, 또 이를 건너 동쪽으로 진군하여 살수에 이른 것이다. 그러므로 랴오허 동쪽의 이 살수도 청천강이 아니다. 수나라 군대는 이 살수를 건너 평양성에서 30리 되는 곳에 머물렀다고 했다. 그러므로 고구려의 마지막 도읍인 이 평양은 살수의 동쪽에 있었음을 알 수 있다. 결코 청천강의 남쪽인 지금의 평양이 될 수 없음도 자명하다.

이 살수에 대하여 이정빈은 「한사군, 과연 롼허강 유역에 있었을까?」라는 글에서 이렇게 말했다.

> "가령 북한의 역사학계에서는 고구려·수 전쟁이 한반도 밖에서 전개되었다고 본다. 유명한 살수대첩의 살수도 한반도 북부의 청천강이 아닌 중국 랴오닝성 쑤쯔허(蘇子河)에 위치하였다고 한다. …… 이에 대해 '순결성의 논리'에 입각한 무리한 해석이라는 비판이 있었다."
>
> – 젊은역사학자모임, 『한국 고대사와 사이비 역사학』, 111~112쪽

북한의 역사학계에서 살수가 청천강이 아니라 랴오둥의 쑤쯔허(소자하)라고 옳게 본 것을 무리한 해석이라고 폄하한 것이다(〈지도4〉 참조). "순결성의 논리"라는 것은 우리 고대사가 대륙에서 전개된 진실을 밝히는 민족사학자들을 비하하는 표현이다. 그러나 위에 본 대로 필자는 사료의 기록을 토대로 역사적 진실을 밝히고 있을 뿐이

며, 북한의 학자 또한 살수를 제대로 고증한 결과인 것이다. 그러나 이정빈은 근거도 없이 살수는 청천강이라고 이른바 정설을 추종하고 있으니, 이런 사람들이 어떻게 학자인가?

수양제는 거듭된 패전에도 불구하고 614년에 3차 원정에 나섰는데 이때 수나라 해군대장 내호아는 비사성으로 진격했다. 비사성은 오늘날 랴오허 동쪽 보하이의 동북쪽 모서리에 있는 하이청(海城海城)을 말한다《지도4》 참조》. 수군이 하이청으로 상륙한 것은 고구려의 도성인 평양에서 가장 가까운 곳이기 때문이다. 그러므로 내호아가 비사성을 함락시키고 평양으로 향하자 영양대왕이 사신을 보내 항복을 청했다. 바로 닥칠 육군과 수군의 총공세가 두려웠기 때문이다. 만에 하나라도 평양이 지금의 평양이었다면 내호아는 당연히 대동강으로 상륙했을 것이다. 바보가 아닌 이상 거기서 멀리 떨어진 요동의 한 귀퉁이로 상륙할 이유가 전혀 없다.

뒤에 당나라 태종이 침입할 때도 장량의 수군 역시 비사성으로 상륙했다. 이 또한 같은 이유로 가까운 평양을 육군과 합세하여 치기 위한 것이었다. 당 태종은 고구려 친정에 실패한 후 여러 차례 장군들을 보내 고구려를 쳤는데, 그중 장군 설만철을 보내 바다를 건너 압록수로 들어와 박작성 남쪽 40리에 이른 적이 있다. 이때는 비사성을 공격하지는 않았지만 압록수, 즉 오늘날 랴오허로 들어온 것은 이전과 똑같은 작전임을 보여준다. 오늘날 북한의 평양을 치기 위해 대동강이 아니라 압록강으로 상륙한다면 군사 전문가가 아니더라도 '그것도 전략이라고 짰냐'며 비웃을 것이다.

대륙에서 찾는
백제의 지명들

　이제 백제의 도읍을 보자. 시조 온조대왕은 도읍을 하남(河南) 위례성에 정했다고 한다. 그곳이 매국사학에서 주장하는 한강 유역이 아님은 이미 확인했다. 위례성이 정확히 어딘지 알기 어려우나 하남이란 황허의 남쪽이란 뜻이므로, 온조대왕이 패수와 대수를 건너 남하한 후 도읍을 황하 최하류의 남쪽에 세운 것으로 보인다.

　한편 온조대왕은 마한에 사신을 파견하여 강역을 확정하였는데 '북쪽은 패하(패수)에 이르고 남쪽은 웅천에 한정'했다. 대왕이 원래 대륙의 패수를 넘어 남쪽으로 왔으므로 백제의 북쪽이 패수이며, 그 남쪽이라는 웅천도 당연히 대륙에 있어야 하는데 그곳은 후에 문주왕이 두 번째 도읍으로 삼은 웅진이다. 후일 백제가 망한 후 663년에 백제를 되찾기 위해 복신·도침 등이 웅진성을 공격했는데,

당나라에서는 유인궤를 대방주자사로 삼아 백제의 병영으로 보냈다. 대방주자사로 명한 것은 웅진성이 옛 대방군(보하이 서안)에 있었기 때문에 그곳을 진압하라는 뜻이었다. 그 뒤 당 고종은 의자왕의 왕자 부여융을 웅진도독 대방군왕으로 삼았는데, 이 또한 웅진이 대방군에 속한 것임을 나타낸 것이다.

여기서 웅진이 충청남도의 공주라는 학계의 반도사관이 명백한 잘못이라는 것을 알 수 있다. 만약에 공주가 웅진이었고 대방이 황해도에 있었다면 웅진과 대방은 멀리 떨어진 곳인데 위와 같이 웅진도독 대방군왕이란 작위를 내렸겠는가? 또 백제가 망하기 전에 당나라에서는 소정방을 웅진도대총관으로 삼고, 무열대왕(김춘추)을 우이도행군총관으로 삼아 백제를 평정하게 했다. 백제를 치는데 크게 웅진과 우이의 두 길로 친다는 것이다. 웅진이 대륙에 있는 지명이었듯이, 우이 역시 옛날 중국의 하나라 초기부터 등장하는 동이족이 살던 지역으로, 오늘날 산둥성 임치 일대로 알려져 있다.

그러므로 무열대왕은 우이로 가기 위해 5월 26일 도성[매국사학에서 말하는 경주가 아니라 중국 저장성(절강성浙江省) 동해안에 가까운 지역으로 추정됨]을 출발하여 6월 18일에 남천정에 이르렀다. 이 남천정을 학계에서는 경기도 이천이라 하지만, 무열대왕의 군사들이 경주에서 삼보일배라도 하면서 갔단 말인가? 이천까지 군사 작전을 수행하면서 20여 일이나 걸렸다는 것은 믿을 수 없다. 저장성에서 북쪽의 장쑤성(강소성江蘇省)을 지나 산둥성에 이르는 대륙에서의 먼 길이었기에 이처럼 시간이 걸린 것이다.

이와 비슷한 경우가 뒤의 문무대왕 때에도 일어나는데 이때도 역시 신라가 대륙에 있었음을 보여준다. 666년에 당 고종은 이세적을 총수로 삼아 고구려를 정벌하며 신라도 연합군으로 출전했다. 문무대왕은 다음 해 8월에 김유신 등 30명의 장군들을 모두 거느리고 도성을 출발하여 9월에 한성정에 이르러 이세적을 기다렸다. 여기의 한성정도 위에 본 남천정과 멀지 않은 곳임을 짐작할 수 있다. 이세적이 고구려를 치기 위해 지금의 랴오둥(요동) 방면으로 가기 전에 만나기 위한 것이므로 그곳은 중국 대륙이어야 한다. 그러므로 위의 무열대왕의 경우처럼 여기서도 문무대왕은 가는 데 한 달가량 걸린 것이다.

이와 같은 상황은 매국사학에 따르면 전혀 설명이 되지 않는다. 그들은 한성정을 경기도 광주였다고 설명하나, 이는 언어도단이다. 중국 대륙에서 출발하여 고구려를 치는 이세적이 왜 한반도의 경기도에 들른단 말인가? 또 대륙에서 이세적과 만나기 위해 문무대왕이 모든 장군을 거느리고 출발한 곳도 당연히 대륙인 것이다. 이세적을 만나기 위해 경주로부터 광주로 가서 거기서 바다를 건너갔다는 기록은 보이지 않기 때문이다.

대륙의 백제가 매우 강성해지자 중국 남북조시대 북조의 위(魏)나라에서 488년에 백제를 견제하기 위해 대거 쳐들어왔다. 그러나 위나라가 대패했기 때문에 『위서』에는 이를 일체 기록하지 않았으며, 오히려 적대 관계였던 남조의 제(齊)나라 역사인 『남제서』가 이를 상세히 기록하였다. 즉 북위에서 기병 수십만을 동원하여 백제를 공격했으나 동성대왕이 사법명 등 4명의 장군을 보내 기습 공격하여 크게 격파하였다는 것이다.

북위가 기병 수십만으로 백제를 공격했으므로 북위가 백제와 인접해 있었음을 알 수 있다. 만약 학계에서 주장하는 대로 백제가 한반도에 있었다면 북위의 수십만 기병이 배를 타고 서해를 건너와야 하는데 이는 있을 수 없는 일이다. 백제가 북위의 수십만 대군을 격파한 것은 고구려가 후일 수나라의 200만 대군을 몰살시킨 것과 마찬가지로 매우 자랑스러운 일인데, 『삼국사기』에 "북위가 군사를 보내 쳐들어왔으나 우리에게 패하였다."고 간략하게 쓰여 있는 것은 참으로 아쉬운 일이다.

북위를 크게 격파한 동성대왕은 공을 세운 4명의 장군을 왕·후로 봉하고 그 사실을 남조의 제나라에 국서로 통보했는데 이러한 사실도 『남제서』에 실려 있다. 이에 따르면 장군 사법명 등 3명을 도한왕·아착왕·매로왕으로 봉하고, 장군 목간나를 불사후로 봉했다. 백제가 반도에 있던 소국이었다면 과연 왕·후를 봉하는 황제국으로 행세할 수 있었을까? 매국적 사학자들은 우리 역사를 반도 안에 가둬놓을 뿐만 아니라, 삼국이 중국과 대등하게 황제국을 자처한 이런 내용들도 쉬쉬 하면서 결코 알려주지 않는다.

위의 국서에는 또 백제의 장군들을 광양·조선·대방·광릉·청하·낙랑·성양 등 7개 군의 태수로 봉했다고 하였다. 이들 군의 위치에 대하여 윤내현은 허베이성 롼허 유역에서부터 해안을 따라 산둥성을 거쳐 장쑤성(강소성) 동남부에 이른다고 고증했다. 이런 역사와 관련하여 『태백일사』에는 이렇게 기록했다.

"백제는 병력을 동원하여 제·노·오·월나라 등의 땅을 평정

하고 관서를 설치하였으며, 백성들의 호적을 정리하고 땅을
나누어 왕과 제후를 봉하였다."

백제가 지금의 중국 동부를 평정하고 왕·후를 봉한 일 등을 올
바로 기록하였다. 그러나 매국사학계에서는 『태백일사』나 『환단고기』
등 우리측 전래 사서들을 무조건 위서(僞書)로 매도해버린다. 학자라
면 무슨 자료든지 그 전체나 일부 내용을 면밀히 검토하여 옳은 것
은 취해야 하는 데도 무작정 위서이니 쳐다볼 가치도 없다는 이런
해괴한 논리가 어디 있는가? 그들은 『삼국사기』와 『삼국유사』만은
사료로 어쩔 수 없이 인정하면서도 초기 수백 년의 기록은 믿을 수
없다는 이중적인 잣대를 갖고 있다. 그들의 논리대로라면 많은 부
분을 믿을 수 없는 『삼국사기』와 『삼국유사』도 모두 위서라야 하는
것 아닌가?

백제와 고구려가 강대한 자랑스러운 나라였다는 사실은 『삼국사
기』「최치원전」에 잘 나타나 있다.

"고구려·백제의 전성시에는 강병이 100만 명이어서 남쪽으로
는 오·월나라를 침공하였고, 북쪽으로는 유주와 연·제·노
나라 지역을 흔들어서 중국의 큰 두통거리가 되었으며……."

이 글은 최치원이 당나라의 대신에게 보낸 편지에 있는 내용이다.
중국의 동북쪽으로부터 동해에 걸친 지역에 고구려와 백제가 침입
하고 세력을 과시했다는 것인데, 만약 이것이 사실이 아니라면 감히

당나라의 대신에게 이런 글을 쓸 수 있었겠는가? 고구려와 백제가 반도에 갇힌 작은 나라였다면 불가능한 일이다.

백제가 대륙 국가였다는 사실을 증언하는 매우 중요한 증거는 백제 멸망 후 그 땅을 지배하기 위하여 당나라에서 설치한 5도독부의 이름이다. 즉 웅진·마한·동명·금련·덕안 등 지역 이름을 딴 도독부가 그것이다. 이 지명 중 지금이나 옛 기록에 한반도 서부에 보이는 것은 웅진 하나뿐이다. 그러나 대륙에는 옛 기록이나 오늘날 지도에 이 지명들이 보인다. 웅진은 앞에서 보하이 서안의 옛 대방군 지역임을 보았으며, 『대청광여도(大淸廣輿圖)』라는 청나라 지도에 보면 동명은 산둥성 서부에, 그리고 덕안은 후베이성(호북성)의 한강 북쪽에 있다(112~113쪽 〈지도5〉 참조). 이런 지명을 보면 백제가 동북쪽의 산둥 서부로부터 서남쪽의 후베이 지역 일부까지에 걸쳐 있었음을 알게 된다.

이런 사실을 알게 하는 다른 기록이 있다. 당나라의 대당총관 설인귀가 문무대왕에게 서신을 보내자 671년 문무대왕이 보낸 답서이다. 그 내용은 당나라에서 신라에 백제의 옛 땅을 모두 돌려주기로 했는데도, 지난 수년간 황허 유역과 산둥의 태산 지역을 주었다 빼앗았다 했다는 것이다. 이는 허베이·산둥성 지역이 백제 땅이었음을 지적한 것이다. 이렇게 당나라가 약속을 어기고 백제 땅도 차지하여 5도독부를 두고 다스리자 문무대왕은 영토 확보를 위해 당나라와 크고 작은 많은 전쟁을 치러 결국 대륙의 백제 땅을 대부분 차지하게 되었다.

지도5 『대청광여도』의 일부. 산둥성 서부에 동명, 후베이성 북쪽에 덕안이 표시되어 있는 것이 보인다.

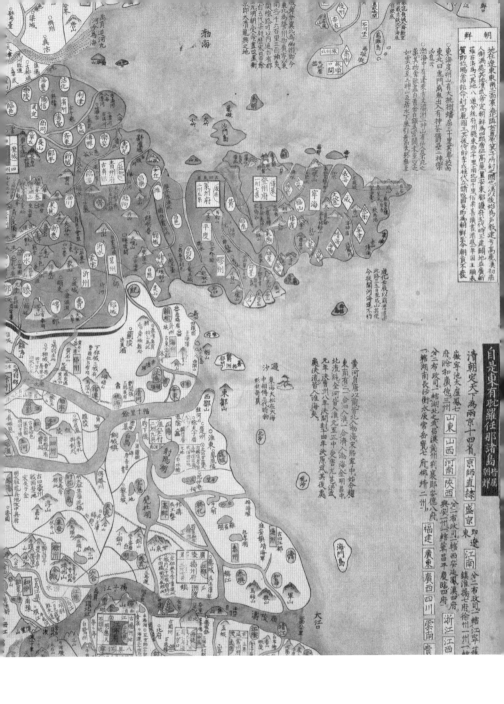

중국 동해안에서 이루어진
신라의 역사

이제 신라에 대해 보겠다. 신라의 도읍 서라벌이 대륙의 어디였는지 필자가 아직 명확하게 밝히지 못하는 것은 공부가 부족한 탓이지만, 대충 그 위치는 짐작할 수 있으니 오늘날 저장성의 동해에 가까운 곳이었다고 추정된다. 이렇게 보는 것은 저장성 동해의 '임해(臨海)'라는 지명 때문이다. 이 임해는 21대 소지마립간 때 처음 등장하는데 임해와 장령 두 곳에 진영을 설치하여 왜적을 방비하게 하였다. 임해에 진영을 설치하여 왜적을 방비했다는 것은 임해가 도성인 서라벌에서 매우 가까운 요충지였음을 암시한다. 그러나 한반도 경주 동쪽에 임해라는 지명이 있었다는 기록은 보이지 않는다.

임해에 관한 다음 기록은 문무대왕 때 고구려 유민을 받아들여 당나라와 대항하자, 당에서는 문무대왕 대신에 당에 와 있던 그의 아우 김인문을 신라왕으로 삼아 '임해군공'으로 봉했다. 이전에 중국에서는 신라왕을 '낙랑군공'으로 호칭했는데 이제 임해군공이라 함은 임해가 신라의 도읍지나 그에 준하는 중요한 지명이었기 때문이다. 그런데 신라 후기에 '임해전(臨海殿)'이 5회나 기록되어 있다. 임해전은 서라벌의 궁전과는 달리 정무가 아닌 연회 등의 장소로 이용했다. 그러므로 서라벌의 가까운 동쪽 바닷가인 임해에 별도의 궁전을 세워 연회 등을 베푼 것이 틀림없다.

임해와 함께 신라의 대륙 강역을 보여주는 지명에 천주(泉州)가 있다. 천주는 오늘날 푸젠(복건福建)성에 있는 지명인데, 그곳은 3~4세기의 진(晉)나라 때 진안군의 신라현이었다. 신라현이 있었다는 것은 그곳에 신라인들이 많이 살고 있어 붙인 이름일 것이며, 또 그곳이 옛 신라 영토로서 신라와 진나라의 국경 지역이었을 것이다. 이 같은 예는 고구려와 한나라의 국경인 현도군에 고구려현이 있었고, 또 고조선 서부 변경의 낙랑군에 조선현이 있었던 것에서 볼 수 있다. 천주는 『삼국사기』에도 등장하는데, 경명왕 때(924) 천주절도사 왕봉규에 관한 기록이 있다.

한편 『만주원류고』에는 매우 중요한 내용이 있는데 송나라 때의 『제번지(諸蕃志)』를 인용하여 "신라는 천주의 해문(海門)과 마주하고 있는데…… 무역하는 사람들은 반드시 미리 사명(四明)으로 가서 다시 출발한다. 혹은 말하기를 천주의 수위가 점차 낮아져 반드시 사명을 경유해야 한다."고 했다. 쉽게 말하면 신라의 천주에 이르는데 반드시 사명을 거친다는 것이다. 사명은 『중국고금지명대사전』에 오늘날 저장성 영파로서, 위에 언급한 임해의 북쪽에 있다. 그러므로 푸젠성 천주에서 저장성 영파 지역에 이르기까지 신라의 강역임을 나타낸다. 그러므로 영파 남쪽의 임해에 신라의 궁전이 있을 수 있는 것이다.

이러한 신라 영토에 대하여 남조의 『양서(梁書)』에 "백제의 동남쪽 5,000여 리"라고 했다. 신라가 백제의 동남쪽 5,000여 리에 있다는 이 내용은 매우 신선하고도 충격적이다. 우선 백제의 동남쪽이라고 했으므로 이것은 한반도의 상황이 아니다. 매국사학의 반도사관에 따르면 신라는 백제의 동쪽이어야 하며, 동남쪽이라는 표현이 나올 수 없다.

또 동남쪽 5,000여 리라고 했는데 이것은 백제와 신라 사이의 거리를 말한 것이 아님은 상식에 속한다. 그러면 이 5,000리는 신라 강역의 크기를 말한 것으로 볼 수밖에 없다. 5,000리(약 2,000킬로미터)라면 신라의 강역이 무척 광대했다는 것으로, 위에 본 푸젠성에서 저장성까지의 신라라면 이렇게 표현될 수 있다. 한반도 동남부에 불과한 신라였다면 5,000리는커녕 1,000리밖에 되지 않는다. 매국사학자들은 이 문제에 반드시 답변해야 할 것이다.

한편 『수서』〈백제〉조에는 백제의 남쪽이 신라와 접해 있다고 했는데, 이 역시 반도에서의 위치가 아니라 대륙에서의 상황을 말한 것으로 위의 『양서』와 비슷한 맥락이다. 그리고 〈신라〉조에는 고구려의 동남쪽에 있으며 한나라 때의 낙랑 땅에 자리하고 있다고 했다. 이것도 대륙에서의 두 나라의 위치를 말한 것이 분명하다. 낙랑이 보하이(발해) 서안에 있었기 때문에 그곳까지 신라가 차지한 상황을 언급한 것이며, 그런 이유로 중국에서 신라왕을 '낙랑군공'으로 칭했던 것이다.

이 내용을 한반도에 놓고 보면 두 나라 사이의 위치가 전혀 맞지 않게 된다. 매국사학에서 주장하는 고구려와 신라는 남북으로 인접했는데 고구려의 동남쪽이라는 표현은 잘못이다. 더구나 평양의 낙랑 땅이 신라의 강역이라면 그곳은 더 확실한 고구려의 남쪽이 되며, 동남쪽이 될 수 없기 때문이다.

앞에서 신라의 무열대왕이나 문무대왕이 저장성에 있던 도성으로부터 북쪽으로 당나라 군사와 합세하기 위해 출정한 것을 보았다. 이번에는 김유신 장군의 경우를 보자. 『삼국사기』에 따르면 661년에 당나라는 고구려를 정벌하려고 함자도총관 유덕민을 신라에 보내 평양으로 군량을 수송하라는 고종의 명을 전했다. 그리고 다음 해 1월에 유덕민이 신라의 양하도총관 김유신과 함께 평양으로 군량을 수송했다.

여기서 함자도총관의 함자는 옛 낙랑군의 함자현이며, 양하도총관의 양하(兩河)란 두 강이란 뜻으로 황허와 그 지류의 하나를 말하는데 일반적으로 지수이(제수濟水)를 말한다. 즉 고구려 정벌에 있어 유덕민은 보하이 서안 함자현의 길로, 김유신은 황허와 지수이 사이의 길로 출정하여 랴오둥의 평양으로 가라는 명이다. 그런데 이를 반도사관에 따라서 보면 말이 되지 않는다. 우선 북한의 평양이 옛 낙랑군이라는데 목표 지점인 낙랑군 함자현의 길로 가라는 함자도총관이라는 직을 내릴 수가 있는가? 또 양하도라는 것도 중국인들이 한반도 안에서 어느 두 강 사이를 말하는 것인지 그런 용례가 없다. 그리고 유덕민이 한반도의 어느 곳으로 와서 평양으로 갔다면 서해를 건너왔어야 할 텐데 그런 기록이 없다. 만약 매국사학의 반도사관이 맞으려면 유덕민은 대륙에서 육로로 가고 김유신은 반도에서 각각 출발하여 평양 부근에서 만나야 합리적이며, 굳이 바다를 건너와 같이 갈 이유가 없다. 도저히 앞뒤가 맞지 않는 것이 반도사관이라는 기형이다.

옛 요동은
베이징 일대였다

　중국의 기록을 보면 전국시대 말인 서기전 3세기에 연나라 장수 진개가 조선의 요동을 차지하고 요동까지 장성을 쌓아 조선에 대비했다고 되어 있다. 따라서 이 요동이 어디였는지를 밝히는 것은 우리 고대사에서 매우 중요한데, 그것은 뒤에 낙랑군이 설치되기 전의 양국의 경계 지역을 증언해주기 때문이다. 학계에서는 이 요동이 오늘날의 랴오둥이라고 하여 그 남쪽 평안도가 뒤에 낙랑군이 되었다고 주장하지만, 당초의 요동은 지금의 베이징 부근이었다.

　이러한 사실은 『사기』 「진시황본기」에 진나라 영토가 "북쪽으로 황하에 의거하여 요새를 삼고 음산과 나란히 요동에 이르렀다."고 한 데서 알 수 있다. 즉 황허의 상류(북하라고도 함) 지역을 차지해 요새로 삼고 거기서 동쪽으로 길게 뻗은 음산산맥이 끝나는 지역인 베이징 일대가 진나라의 동북쪽 끝인 요동이라는 뜻이다.

그런데 요동(遼東)이라는 지명은 요수(遼水)라는 강을 기준으로 그 동쪽에 있고 그 서쪽은 요서(遼西)가 된 것이다. 그러므로 요수가 지금의 어느 강이었는지를 알면 요동이 어디였는지 확인할 수 있다. 『수경』을 보면 대요수와 소요수가 있어 오늘날 베이징의 밀운저수지에서 만나 동남쪽으로 톈진을 거쳐 보하이 바다로 들어간다. 이 대요수는 오늘날의 바이허(백하)이고 소요수는 차오허(조하)인데 두 강이 만나서부터는 차오바이허(조백하)라고 부른다. 따라서 『수경』에 보인 한나라 때의 옛 요동은 두 강이 만나는 오늘날의 베이징 밀운저수지 부근과 그 동쪽이라고 말한다.

그런데 매국사학에서는 이 대요수를 오늘날의 랴오허(요하)라고 하여 그 동쪽의 랴오둥 지역을 옛 요동과 같은 것으로 보고 있으나 이는 큰 잘못이다. 그 이유는 『수경』의 대요수가 요동군의 양평현과 안시현을 지난다고 했지만, 지금의 랴오허는 요동이 아닌 요서를 계속 흐르다가 요서·요동의 경계에서 서남쪽으로 흐를 뿐으로, 『수경』의 대요수가 동남쪽으로 흐른다는 것과도 방향이 전혀 다르기 때문이다. 그런데도 노태돈은 『수경』의 대요수가 오늘날의 랴오허라고 강변한다.

> "이 대요수가 오늘날의 요하(랴오허)임은 확실한 것이며 요수는
> 혼하(훈허)를 가리킨다. 이는 곧 한 대의 요동군이 오늘날의 요
> 동(랴오둥)에 있었음을 뜻한다."
>
> — 노태돈, 『단군과 고조선사』, 사계절, 2000, 46쪽

필자가 바로 위에서 논한 대로『수경』의 대요수는 오늘날의 랴오허와는 흐름이 본명히 다른데도, 노태돈은 '이 대요수가 오늘날의 요하임은 확실하다'고 뻔뻔하게 우기면서 명확한 근거나 이유는 대지 않는다. 이병도 이후 그들이 똑같은 방식으로 비학문적인 주장을 관철하려는 것이다.

노태돈의 제자 송호정도 박사학위 논문에서 "이처럼『수경주』의 대요수와 소요수의 흐름에 대한 설명은 현재의 랴오허(요하)와 훈허(혼하)의 흐름과 거의 일치하고 있다."고 강변했다. 그리고 훗날의 책에서는 대요수에 대한『수경주』의 기록을 인용한 뒤 이렇게 말했다.

> "요수는 위백평산에서 발원하여 장새 쪽으로 들어가고, 양평
> 현 서쪽을 거쳐 동남쪽으로 흘러 방현의 서쪽을 지나며, 다
> 시 동쪽으로 흘러 안시현의 서남쪽을 거쳐 바다로 들어간다."
> – 송호정, 『한국 고대사 속의 고조선사』, 푸른역사, 2003, 58쪽

송호정이 말했듯이 대요수는 동(남)쪽으로 흐르지만, 오늘날의 랴오허는 랴오양에서 서쪽으로 흐르다가 서남쪽으로 꺾은 후 계속 서남쪽으로 흘러 바다로 들어간다. 이와 같이 흐르는 방향이 거의 정반대인 랴오허가 어찌 대요수가 될 수 있으며, 그 흐름이 어찌 '현재의 랴오허(요하)의 흐름과 거의 일치하고 있다'는 것인가? 사기꾼이 아니고서야 이런 거짓말을 태연히 할 수 있을까?

아홉 황제가
올랐다는 갈석산

앞에서 본 요동군의 경계에는 연나라에서 쌓은 장성의 동쪽 끝에 요동군의 양평현이 있었으며 또한 갈석산으로도 기록되어 그곳이 조선과의 접경 지역인데, 먼저 양평이 어디인지 살펴보자. 양평은 서기 1세기에 신나라를 세운 왕망이 창평으로 고쳤는데 지금 베이징 서북부의 창평구가 같은 곳이 아닌가 추정된다. 연 장성의 다른 끝은 조양현으로 되어 있는데 이는 한나라 때의 요서군 유성현이다. 그런데 이 장성에 대해 『회남자』에, "북쪽으로 요수와 만나고, 동쪽으로 조선과 국경을 맺고 있다."고 했다. 이는 장성이 요수와 만나는 양평에서 거기서 남쪽으로 조양(유성)까지 남북으로 쌓아 동쪽의 조선과 경계를 이루었다는 것이다.

그런데 중국에서는 장성의 동쪽 끝인 갈석산을 베이징 부근이 아나라 롼허 하류 진황도의 갈석산이라 하며 그곳이 옛 낙랑군이라는 후대의 『진서』를 내세운다. 그리고 그 갈석산이 진시황과 한 무제 이후 9명의 황제가 오른 유명한 곳이라 한다. 그런데 이는 한마디로 말이 되지 않는다. 한 무제가 갈석산에 간 것은 낙랑군이 생기기 전 해(서기전 109)이므로 요동의 갈석에 간 것이며, 그 전 진시황이 간 갈석도 당연히 요동의 갈석이므로 『사기』에도 그렇게 기록했다. 따라서 지금 진황도의 낙랑 갈석은 진개가 차지한 요동이 될 수 없고 그 서쪽인 지금 베이징 부근이라야 한다.

위에서 진·한나라 때의 요동 갈석산이 베이징 부근에 있었음을 논했지만, 요동이 중국에 속하기 거의 2,000년 전인 하나라 우(禹) 임금 때부터 갈석산은 기록에 등장한다. 이는 우 임금 때의 갈석은 진·한 때의 요동에 있을 수 없고 그 서쪽의 중국 영토 안에 있었다는 뜻이다. 이런 점을 알기에 지금 진황도의 갈석산에는 우 임금이 올랐다는 이야기는 빠지고 그 2,000년 후의 진시황부터 올랐다고 한 것은 그나마 중국인들이 양심을 모두 버린 것은 아니라고 고마워해야 할까?

하나라 때나 그 후 오랜 기간 동안 옛 문헌에 보이는 갈석산은 지금의 진황도에서 멀리 서쪽으로 황허에 가까운 곳에 있었다. 공자의 『서경』에 이미 갈석산이 두 번 나오는데 이렇게 썼다.

> "도이(島夷)의 가죽 옷은 갈석을 오른쪽으로 끼고 황하로 들어온다. …… (우 임금이) 태행·항산으로부터 갈석에 이르고 바다로 들어갔다."

여기의 도이는 중국 하나라 동쪽에 있던 고조선족인데 이 도이의 특산품인 가죽 옷이 황허 하류의 갈석산 쪽으로 운송됨을 말한다. 뒤 문장에서는 또 갈석산이 태행·항산과 멀지 않은 것을 알 수 있는데, 태행·항산은 지금 산시(산세)성에 있어 갈석 또한 황허에서 그리 멀지 않은 곳임을 추정할 수 있다.

이로부터 약 2,000년 후인 전국시대까지도 갈석은 황허와 가까운 곳으로 기록했으니, 『산해경』에 '갈석산에서 승수가 나와 동쪽으로 황하로 들어간다'고 하며, 『사기』「소진열전」에도 연나라의 남쪽에 갈석산과 호타수·역수 등 강이 있다고 하여 황허에서 북쪽으로 멀지 않은 곳임을 알 수 있다. 그러므로 그 후 연나라가 요동을 얻은 뒤의 요동의 갈석은 이전의 갈석이 지금 베이징 쪽으로 이름을 옮긴 것이며, 그 동쪽의 오늘날의 진황도 갈석도 또 동쪽으로 옮겨간 이름인 것이다.

이 나라의 고대사 학자라는 자들이 이런 중화사관의 잔재를 분석·비판하기는커녕 동북공정을 옹호하기에 급급하니 답답하기만 하다. 게다가 갈석산에 대해서는 언급조차 하지 않는다. 갈석산이 한·중 양국의 국경이고 만리장성의 동쪽 끝인데 그곳이 요동이라고 기록되었기 때문이다. 한반도에든 지금의 요동에든 갈석산이 없기 때문에 지금의 랴오시(요세)에 있는 갈석산을 문제삼아 보았자 잃을 것만 있지 얻을 것이 전혀 없기 때문이다.

한편 갈석산과 마찬가지로 요수라는 강도 먼 옛날부터 중국과 조선의 경계였는데, 그러므로 강 이름도 중국에서 '멀다'는 뜻의 '요(遼)'를 써서 '요수'라 했으며 그 위치도 중국의 영토 확대에 따라 점차 동북쪽으로 이동해 지금의 랴오허(요하)를 의미하게 되었다. 춘추 시대 제 환공이 북쪽으로 고죽을 칠 때 황하를 건너 태행산맥의 남쪽 끝인 비이 계곡에서 요수를 넘었다고 『관자』와 『설원』에 나온다. 이 요수가 당시 중국과 조선의 경계였다는 것인데 그곳이 황하의 북쪽 태행산맥 남쪽이라는 것이다. 이 요수의 발원지가 갈석산으로 위에서 본 옛 갈석인 것이다.

이와 같이 갈석은 요수의 발원지이며 조선과의 경계였으므로 같이 따라다니며 그 위치도 이동하게 된다. 한나라 초의 『회남자』를 보면, "요수는 갈석산에서 나온다."고 했는데 이는 한나라 때의 갈석산과 요수가 지금의 베이징 쪽으로 이동한 뒤의 기록인 것이다. 그리고 이 갈석산은 바다에서 먼 내륙에 있어 당시 6대 강의 하나인 긴 요수의 발원지임을 말한다. 그런데 『수경』을 보면 (대)요수가 갈석산이 아니라 백평산에서 나와 요동 양평현을 지난다고 되어 있다. 다른 기록에 갈석산과 양평이 장성의 끝이라는 것과 비교해보면 이 백평산이 원래 갈석산이었는데, 갈석산이란 이름이 더 동쪽의 진황도로 옮겨감으로써 백평산이라는 다른 이름을 갖게 된 것이 아닌가 생각된다.

한편 더 동쪽으로 옮겨간 지금 친황다오(진황도)의 갈석산은 바다(발해)에 근접하여 긴 요수의 발원지가 될 수가 없고 요수라는 강도 부근에 없으므로 위 『회남자』의 요수라 할 수 없다. 또 매국사학에서는 그 동쪽의 지금의 랴오허를 예로부터 요수였다고 하지만, 그 상류나 발원지에 갈석산이 없으므로 역시 『회남자』의 요수가 될 수 없다. 그리고 이 요수를 기준으로 요서와 요동이라는 지명이 생겼기 때문에 지금의 랴오허를 기준으로 그 서쪽을 옛 요서, 그 동쪽을 옛 요동이라고 보는 관점은 잘못이 될 수밖에 없다.

만리장성의
동쪽 끝은 어디?

연 장성의 동쪽 끝은 옛 요동 양평현이나 갈석산 지역으로 오늘날 베이징 일대이며 그 동쪽으로 갈 수 없다. 그런데도 중국에서 장성의 동쪽 끝을 롼허 하류의 친황다오(진황도)의 갈석이라고 잘못 해석하고 있는데 비해 우리 학계는 더욱 잘못된 시각으로 지금의 랴오둥으로 동쪽으로 가져오며, 심지어 북한에까지 이르렀다는 매국적인 주장도 서슴지 않는다. 먼저 노태돈의 입장을 보자.

"지금 하북성 강보현이나 내몽골 태복사기 지역에 있었던 것으로 여겨지는 조양에서 양평에 이르는 장성을 쌓아 호(胡)를 방어했다. 이 호는 동호로 보여진다. …… 장성의 주된 방향은 북방을 향해 있었다. 만약 동호가 고조선이라면 이는 상정키 어려운 면이다."

– 노태돈, 『단군과 고조선사』, 사계절, 2000, 82~83쪽

조양을 강보현이나 태복사기라고 여겨진다고 했으나 그의 많은 주장과 마찬가지로 근거가 없다. 장성의 한쪽 끝인 조양은 『중국고금지명대사전』에 요서군 유성현이라고 했으며 조선시대 서호수의 『연행록』에도 나와 있다. 노태돈은 또 양평이 어디인지 연구도 없이 오늘날 랴오둥의 요양(랴오양)으로 본다. 이것이 잘못임은 바로 드러나는데, 『한서』 「지리지」를 보면 요동군에 양평도 있고 요양도 있어 두 현은 다른 곳임을 알 수 있다. 이런 사실도 모른 채 옛 요동을 지금의 랴오둥으로 보고 있는 것이다.

노태돈의 제자 송호정은 한 발 더 나아가 이렇게 주장한다.

"요서 지역의 경우 연북장성의 주향은 두 갈래로 나눠진다. 한 줄기는 서쪽 흥화에서 시작하여…… 그보다 밑에 위치한 다른 한 줄기는 내몽골 자치구 회덕현에서…… 그리하여 남북 장성 사이의 거리는 40~50킬로미터에 달한다. …… 최종적으로는 압록강을 넘어 한반도 북부 용강에 이른다고 한다. …… 요동 지역의 한 대 및 그 전의 장성 관련 흔적은 주로 천산산맥 서쪽 지역에서 나오고 있으므로 필자는 천산산맥 일대가 장성의 실질적인 동쪽 경계선이었을 것으로 생각한다."

– 송호정, 『한국 고대사 속의 고조선사』, 푸른 역사, 2003, 304~306쪽

송호정이 장성에 대해 말한 것은 동북공정에서 근래 내놓은 보고서를 그대로 추종하는 것으로, 옛 문헌에 나오는 조양이나 양평 등 지명을 고증하지 않고 장성 유적만으로 추리하는 것이다. 위에서 본 장성의 끝이 지금의 갈석산이라고 해오던 것을 동북공정에서 더욱 동쪽으로 가져와 지금의 요동으로 조작하는 것인데도, 이를 비판하기는커녕 추종하기에 급급하니 매국노가 아니라면 어떻게 이런 짓을 할 수 있겠는가?

송호정은 이 장성이 동서로 쌓아져 있었으며 더구나 두 갈래로 50킬로미터 간격을 두고 북쪽과 남쪽에 있었다는 것이다. 북쪽에 대비한다는 것은 동호 등 북방민족을 방어한다는 것이지만 이렇게 동쪽이 열려 있다면 동쪽의 조선으로부터는 방어가 필요 없다는 뜻인가? 동북공정이나 송호정의 주장이 합리적이려면 북방을 두 겹으로 막을 것이 아니라 한 줄기는 남북으로 쌓아 동쪽의 조선에 대비했어야 함은 상식이다.

송호정은 또 동북공정에서 만리장성이 '압록강을 넘어 한반도 북부에 이른다'고 한 내용을 부정하는 척하지만, 요동의 천산산맥이 끝이라고 말하면서도, 장성의 유적이 그 서쪽에서 주로 나온다는 사실만 언급했지 따로 명확한 근거를 제시하지도 못했다. 동북공정의 유적에 대한 보고서에만 의존하다보니 장성이 한반도에까지 이르렀다는 주장을 제대로 반박하지도 못하는 한심한 모습을 드러내는 것이다. 쉽게 이야기하면 고조선이나 고구려의 주 영역이 만주였다는 역사적 진실을 밝히면 동북공정에서 만리장성의 흔적이라고 우기는 유적들은 고조선이나 고구려의 성터 유적이라고 반박할 수 있는데도, 매국사학에서 만주는 무조건 중국의 영역이었다고 보기 때문에 이런 매국적 작태를 보일 수밖에 없는 것이다.

제2부

위기의 매국사학, 그들만의 생존술

이병도의 매국사관이
지배하는 나라

우리 주변에는 진실이 많지만 거짓 또한 만만치 않게 많은 것이 현실이다. 정치로부터 사회·문화에 이르기까지 우리 사회에는 아직도 많은 거짓과 위선이 힘을 얻고 있기도 하다. 학문의 분야는 어떨까? 학문은 진리를 추구하는 것이 임무이므로 당연히 옳은 방향으로 가고 있다고 생각할 것이다. 그러나 다른 분야의 학문은 잘 모르겠지만 우리나라의 역사학 분야에서는 진리가 올바로 통하지 않고 있다. 제1부에서 충분히 본 대로 거짓이 횡행하여 진실을 찾아보기 어려운 지경이다.

불행하게도 일제 강점기 이후 우리 역사를 보는 관점이 크게 둘로 갈라져 '민족사관'과 '식민사관'의 두 진영이 대립하게 되었다. 민족사관은 신채호나 정인보를 축으로 하는 관점이고, 식민사관은 이병도로 대표되는 오늘날 강단사학계의 관점이다. 물론 강단사학계는 식민사관이라는 좋지 않은 용어를 자기들의 것이 아니라고 부정한다.

민족사관은 신채호가 독립운동을 하다가 일제에 의해 옥사하고 정인보가 광복 후 납북된 이래 강단사학계로 이어지지 못하고, 필자 같은 이른바 재야 학자들에 의해 간신히 명맥을 유지하고 있다. 반면에 식민사관은 조선사편수회 출신 이병도 이후 모든 대학의 국사학과를 통해 수많은 후학들을 배출하여 대항하기 힘든 거대한 세력을 형성하였다. 이러한 강단의 역사학계를 '식민사관'이라 부르는 것은 그들이 일제의 식민사관을 비판하거나 청산하지 않고 그 덫 속에 갇혀서 추종하면서 거짓 역사학을 유지하고 있기 때문이다. 그런데 '식민사관'이란 식민 지배를 하는 나라의 입장에서 나온 말인데, 그를 추종하는 한국의 학자들을 그렇게 부르는 것이 적절하지 않기 때문에 '매국사관(賣國史觀)'이라는 말을 쓰는 것이다.

그러면 강단사학계가 왜 매국사관에 입각해 있다고 하는가? 매국이라는 말은 나라를 판다는 뜻이므로 가장 불명예스러운 단어에 속한다. 특히 우리에게는 대한제국 말기에 나라를 팔아넘긴 이완용 같은 자를 매국노라 하여, 온 국민이 모두 알고 있을 정도로 오래되지 않은 역사적 경험이므로 매국에 대한 반감이 매우 강하다. 이런 모욕적인 말로 학계를 부르는 것은 과연 온당한지, 아니면 재야 학자들의 과잉 반응은 아닌지 국민들은 매우 궁금할 것이다.

매국사관인지 아닌지의 여부를 판단하려면 먼저 일제 식민사관이 무엇인지 알아야 한다. 그리고 그 식민사관과 학계의 사관이 어떤 관계에 있는지를 알아야 한다. 이병도를 예로 들어보자. 이병도는 매국노 이완용의 손자뻘로, 일제 강점기에 부귀와 영화를 누린 집안의 일원답게 한국인 최초로 와세다대학에 유학해 한국사를 전공한 학자가 되었다. 일제 식민사학자들에게 배운 그는 졸업 후 조선총독부 직속의 조선사편수회에 들어가 일본인들이 『조선사』 35권을 편찬함에 있어 고대사 분야를 집필하는 등 조수 역할을 한 철저한 황국신민이요 친일파였다.

여기서 의문이 생긴다. 일본인들이 왜 친절하게도(?) 우리 역사인 조선사를 편찬했을까? 그 조선사를 편찬하는 데 무려 21년이 걸렸으며 방대한 조직과 인원은 물론 거액의 예산까지 들었다. 조선총독부가 돈과 시간과 인력을 들여 우리 역사를 정리해주었으니 얼마나 고마운 일인가? 그러나 이렇게 고마운 일에 대하여 민족사학자들은 환영하기는커녕 크게 비난해마지 않았다. 신채호는 이병도처럼 대학에서 일본인 밑에서 공부하지 않고 혼자 연구한 우리나라 최초의 근대적 역사학자인데, 그의 말을 들어보자.

"중국은 병적 심리인 자존심이 있고 근일 일본은 그 악랄한 정치적 야욕으로 인해 고의적으로 조선을 모멸하고 색안경으로 보고 있으니, 저들의 『조선사』는 십중팔구 거짓이다."

또 망명지 상하이에서 임시정부 2대 대통령을 지낸 박은식은 『조선사』에 대해 이렇게 비웃었다.

"어찌 서기전 2000년이 넘는 단군을 서기전 600년부터 시작
하는 일본 시조의 동생이라 하느냐? 누가 이런 거짓말을 믿
겠느냐?"

두 민족사학자의 지적처럼 『조선사』는 거짓이며 그 핵심은 그들이
우리를 지배하는 정치적 정당성을 부여하기 위해 우리 역사를 말살
하고 왜곡하는 것이었다. 우리 고대사가 유구하고 찬란한 데 비해
그들의 역사는 일천하고 우리의 조상들과 문화가 건너간 것이기 때
문에, 이를 거꾸로 조작하여 우리 고대사를 일천하고 저급한 것으
로 만든 것이 바로 『조선사』였던 것이다.

『조선사』의 내용을 보면 시대 구분에 있어 첫 장이 '통일신라 이
전'으로 되어 있다. 이 기간은 즉 고대사를 의미하는데 고조선으로
부터 열국시대를 거쳐 삼국시대까지이며 약 3,000년간에 해당한다.
비록 먼 옛날의 역사이기는 하지만 우리의 역사상 고대사가 가장
황금기였던 점을 감안한다면 이렇게 하나의 장에서 지극히 간략하
게 다룰 시대가 결코 아니다. 일본의 의도는 고조선은 없었고, 열국
시대라는 개념도 없으며, 700년 삼국시대의 역사도 그 절반만이 역
사다운 역사일 뿐이라는 뜻이다. 한마디로 우리 고대사는 원시 미
개한 역사였는데 그나마 한반도의 북쪽은 이른바 '한사군(漢四郡)', 그
리고 남쪽은 이른바 '임나일본부(任那日本府)'가 지배함으로써 문명사회
가 되었다는 것이 주요 골자다.

이병도는 우리의 바른 역사를 연구하고 지키려던 민족사학자들
과는 정반대 지점에 서서 일본인들의 우리 역사 말살 작업에 하수

인으로 동참했다. 일제 강점기에 이병도가 연구한 주제는 크게 2가지다. 하나는 이른바 한사군(진번·임둔·낙랑·현도)이 오늘날 북한 지역에 있었다는 내용이다. 일제 식민사관의 하나인 '반도사관'을 충실히 뒷받침하는 내용인데, 고조선 이래 우리 고대사가 한반도를 중심으로 이루어졌다는 거짓 주장을 하기 위한 것이었다.

다른 하나는 옛 한국(韓國), 즉 마한·진한·변한의 삼한이 오늘날 대한민국 지역에 있었다는 반도사관에 입각한 것이며, 나아가 그 나라들이 후진적인 읍락국가 상태로 머물러 신라·백제·고구려의 삼국이 2~4세기에 와서야 거기서 고대 국가로 출발했다는 주장이다. 이 내용도 일제 식민사관을 그대로 충실히 따른 것인데, 일본인 어용학자들이 『삼국사기』에 기록된 서기전 1세기의 삼국 건국을 믿지 않고 수백 년 늦추어본 것과 같은 맥락이다. 이것이 이른바 『삼국사기』 초기 기록 불신론'으로, 쓰다 소키치 등 대표적 식민사학자라는 자들이 전심전력으로 삼국의 역사를 난도질한 이론이다.

이런 이력을 가진 이병도와 역시 조선사편수회 출신인 신석호가 광복된 대한민국에서 서울대, 고려대, 성균관대 등 대학과 국사관(오늘날 국사편찬위원회)을 장악하고 식민사관을 그대로 맹종하는 매국사관을 독버섯처럼 이 땅에 뿌리내리게 한 것이다. 독자들은 이런 상황이 잘 이해되지 않을 수도 있겠지만, 민족사학자들이 사라진 상태에서 이병도, 신석호 같은 사람들이 자기들의 역사관을 추종하는 후학들만 길러냈기 때문에 가능했던 것이다. 물론, 우리 사회가 친일파를 청산하지 못하고 오히려 그들이 모든 분야에서 주류가 되는 잘못된 길을 걸어온 것이 가장 근본적인 이유일 것이다.

이병도의 경우 광복 후 친일 행적 때문에 자신이 일제 강점기에 만든 진단학회(震檀學會)의 제명 대상이 되고, 국회의 반민족행위자처벌특별위원회(반민특위)의 활동으로 입장이 매우 위태로웠다. 그러나 불행히도 이승만 정권의 비호와 친일 경찰들의 준동으로 반민특위가 강제로 해체되면서 이병도 같은 친일 매국사학자가 되살아나고 오늘날까지 '국사학계의 태두'로 군림하게 된 것이다.

이병도의 고대사 체계는 그의 이력에서 알 수 있듯이 전적으로 매국사관에 입각해 있는데, 이를 위장하기 위해 그가 내세운 '실증적 역사학'이라는 것은 실제로는 거짓으로 시작해서 거짓으로 끝나는 허황된 기만술에 불과하다. 제1부에서 그의 '실증'이 사실은 '위증'인 사례를 많이 보았지만, 이에 대해서는 뒤의 항에서 다시 보기로 하겠다.

그 전에 여기서는 그의 잘못된 정치적 행보에 대해 몇 가지 밝히고자 한다.

첫째, 1956년에 국정과 군사의 일을 농단하다가 군 장교에 의해 암살당한 김창룡의 묘비문을 쓴 것이다. 이승만 정권 하에서 특무대장으로 있으면서 정치적 사건들을 조작하고 권력을 남용했던 악명 높은 김창룡을 추모하는 비문을 쓴 이병도에게, '국사학의 태두'라는 고상한 직함이 어찌 어울릴 수 있을까?

둘째, 1961년 5·16 군사 쿠데타가 일어난 후 군사정권의 기관지 「최고회의보」 창간호에 '5·16 군사혁명의 역사적 의의'라는 글을 실어 쿠데타를 합리화한 것이다. 그 전해에 과도 정권의 문교부장관을 거쳐 장면 정권에서 대한민국학술원 회장과 서울대 대학원장 등

요직에 있었으면서도, 군사 쿠데타를 '조국의 위기를 구출'하기 위한 어쩔 수 없는 것으로 정당화했다. 이 같은 정치적 행보로 해서 그는 군사정권이 끝날 때까지 무궁화훈장 등 각종 상을 받고 요직을 두루 거쳤다.

셋째, 조선시대 사육신의 한 명인 유응부를 사육신에서 빼고 대신 김문기를 넣은 것이다. 1977년에 국사편찬위원회는 특별위원회까지 구성해 사육신 가운데 유응부를 김문기로 바꾸는 문제를 논의하여 이병도 등 15명이 만장일치로 결정했다고 하는데, 이덕일(한가람 역사문화연구소장)은 이렇게 말한다.

> "이들은(특별위원회 위원 : 필자) 해방 후 한국사학계와 동양사학계를 주도했던 인물들이었다. 이런 인물들이 만장일치로 '사육신은 유응부가 아니라 김문기다'라는 결의를 한 것이다. 그런데 여기에는 배경이 있었다. 당시 나는 새도 떨어뜨린다는 김재규 중앙정보부장이 금녕 김씨였는데, 그가 이병도를 만나 유응부 대신 자신의 선조인 김문기를 사육신에 넣어달라고 부탁했다는 것이다.
> 한국 국사학계의 태두(?)이자 고등 문헌비판의 대가(?)였던 이병도는 유신 중앙정보부장에게 '제가 하면 될 수 있습니다'라고 말하고 사육신 바꿔치기 공작에 들어갔다. 일본인 스승들에게 배웠던 역사 바꿔치기 수법이 그대로 동원되었다."
>
> – 이덕일, 『우리 안의 식민사관』, 만권당, 2014, 105쪽

실증주의 역사학을 한다는 사람이 권력에 영합해 역사를 조작했다는데, 이런 정도는 이병도에게는 하루 세 끼 밥 먹는 것만큼이나 일상적인 짓임을 뒤에서 거듭 보게 될 것이다.

끝으로 지적할 것은 이병도가 할아버지뻘인 이완용을 매장했던 관을 태워버린 일인데, 『대한민국 다큐멘터리』(2004)라는 책을 쓴 정지환은 이렇게 말한다.

> "이병도는 실증사학의 대부로 알려진 역사학자다. 실증할 수 없다면 정사(正史)로 기록하지 말라는 사관을 견지했다. 물론 그의 입장은 일제 강점기 식민사관의 영향을 받으면서 수립된 측면이 강하다. 그런데 그렇게도 실증사학을 강조했던 그가 정작 '가문의 수치'를 우려해 공과 사도 구분하지 못한 채 할아버지뻘인 이완용의 관 뚜껑이라는 역사 유물을 태워버렸다는 것이 아닌가?"
>
> – 정지환, 『대한민국 다큐멘터리』, 인물과사상사, 2004, 38쪽

이병도가 이렇게까지 한 것을 보면 매국노의 손자로 손가락질받기는 싫었던 모양인데, 머지않아 자기가 이완용과 다를 것 없는 매국노였다는 것이 밝혀지면 자기의 손자가 할아버지의 관 뚜껑을 태우는 일이 다시 생기지는 않을까?

낙랑의 유적·유물에만
의존하는 학계

　이병도 이래 그를 추종하는 매국사학계는 문헌적 근거가 일체 없는 헛된 주장을 펴다 보니, 고고학으로 도망가 유적·유물로만 우리 고대사를 밝히려고 한다. 제1부에서 보았듯이 낙랑군 위치 문제에 있어서도 평양 지역에서 발굴된 유적·유물을 유일한 근거로 내세우는 한심한 지경에 이르렀다. 여기서 『한국 고대사와 사이비 역사학』에 글을 실은 세 젊은 박사들의 부당한 주장을 비판하겠다. 우선 위가야는 이렇게 말한다.

　　"그들(이른바 '사이비 역사학자'를 가리킴 : 필자)이 한사군이 한반도 밖에 있었다고 주장하는 이면에는 중국의 식민지였던 한사군이 현재 우리 영토 안에 있어서는 안 된다는 강박이 자리하고 있다. 이 때문에 그들은 한반도 북부에서 발견되는 고고학 자료와 한사군의 관련성을 모두 일제 식민사관의 무리한 해석 또는 의도적 조작으로 치부한다."

– 젊은역사학자모임, 『한국 고대사와 사이비 역사학』, 125~126쪽

'한사군이 현재 우리 영토 안에 있어서는 안 된다는 강박' 때문에 민족사학이 사이비라는 얼토당토않은 비난인데, 필자가 이 책에서 지금까지 논한 내용은 모두 1차 사료를 우선하는 기본적인 역사학의 방법을 쓴 것이다. 거짓 학문을 하고 있는 위가야는 필자가 '강박'에 사로잡혀 있다고 짐작으로 말하지 말고, 자신의 주장이 옳다는 것을 1차 사료로 답해야 할 것이다. 만약 그렇게 할 수 있다면 위가야는 이병도를 능가하는 이 나라 제일의 역사학자로 이름을 남길 수 있을 것이다.

또 위가야가 언급한 '한반도 북부에서 발견되는 고고학 자료'는 문헌적 근거가 없는 학계에서 '낙랑군=평양'설을 주장할 때마다 전가의 보도처럼 휘두르는 위험한 칼이다.

같은 책에서 안정준 또한 북한에서 발굴한 낙랑고분이 2,600기에 달한다고 말하면서 그중 몇 가지 유물을 가지고 낙랑=평양설을 주장했다. 그러나 이는 언어도단이다. 왜냐하면 북한 학계의 발굴 조사 결론은 낙랑군이 평양에 있지 않았다는 것이기 때문이다.

"해방 전에 일제 어용사가들은 조선 강점 전 기간에 걸쳐 평양 일대에서 근 100기에 달하는 락랑무덤을 파헤쳤지만 해방

후 우리 고고학자들은 평양 일대에서 일제 어용사가들이 파
본 것의 30배에 달하는 근 3,000기에 달하는 락랑무덤을 발
굴 정리하였다. 우리 고고학자들이 발굴 정리한 락랑무덤 자
료들은 그것이 한식 유적 유물이 아니라 고조선문화의 전통
을 계승한 락랑국의 유적과 유물이라는 것을 실증해준다. 락
랑국은 고조선의 마지막 왕조였던 만조선이 무너진 후에 평
양 일대의 고조선 유민들이 세운 나라였다."

– 사회과학원, 『평양 일대 락랑무덤에 대한 연구』, 중심, 2001, 10〜11쪽

북한 학계의 결론은 평양 지역 3,000기의 무덤에서 나온 유물·
유적은 한나라가 설치한 '낙랑군'이 아니라 고조선을 계승한 '낙랑
국'의 것이라는 것이다. 그런데 매국사학계에서는 고조선의 계승국
을 적국인 한나라 군현으로 순식간에 둔갑시켜버렸다. '국'을 '군'으
로 슬쩍 바꿔치기한 얄팍한 술수가 불러온 효과는 어마어마하다.
이런데도 불구하고 자기 마음대로 북한 학계의 결론과 다른 주장
을 하니, 이렇게 나무만 보고 숲을 외면하는 태도가 진정한 학자의
자세인가? 더구나 분단 이래 우리 학자들은 평양에 갈 기회조차 없
었는데 무슨 재주로 평양의 발굴 결과를 부정하는가?

문헌자료로 낙랑군=평양설에 대한 뒷받침이 안 되니까 '출토 문
자자료, 고고자료'만 들먹이며 낙랑=평양설이 한층 분명해졌다고
주장하는데 이것 역시 식민사학자들의 억지 주장을 추종하는 것에
불과하다. 문헌으로 낙랑군=평양설이 증명되지 않는데도 출토 유
물이나 고고자료로 분명해진다는 자체가 있을 수 없는 일로 거짓

이다. 만약에 지금 인천의 차이나타운에서 훗날 중국의 유물이 쏟아진다면 그 지역을 중국의 영토였다고 말할 수 있을까? 문헌으로 뒷받침되지 않는 유물·유적은 결코 결정적인 단서가 될 수 없다.

평양 지역의 고고학적 자료가 중국의 대규모 포로들에 의한 것일 수도 있음을 유의하지 않으면 안 된다. 윤내현은 평양의 낙랑 유물이 낙랑군 설치 시기인 전한 때의 것은 거의 없고 대부분 후한 이후의 것임을 밝힌 바 있다. 후한 이후의 유물만 나온다는 사실 자체가 고구려에 의한 중국 포로들의 유물임을 증거할 수도 있는 것이다.

그런데 위 같은 책에서는 위가야가 또 유적·유물을 들고 나왔다. 매국사학에서 내세울 것은 이것밖에 없다는 반증이니, 참으로 애처롭기까지 하다.

> "세키노는 1910년부터 1915년까지 조선총독부 촉탁의 신분으로 조선 전역의 고적을 조사했다. 이 과정에서 대동강 일대의 토성리 토성을 비롯하여 그 지역이 과거 낙랑군의 중심지였음을 알려주는 유적들이 발굴·조사되었으며, 이후 1920년대 중후반에 이르기까지의 조사를 통해 확인된 유적과 유물들은 낙랑군의 중심지가 평양이었음을 확인시켜주는 핵심적인 증거로 인정받았다."
>
> — 젊은역사학자모임, 『한국 고대사와 사이비 역사학』, 124쪽

앞에서 안정준은 일본인들이 발견한 유적·유물을 언급하지 않

고 광복 후 북한이 발굴한 것을 새로운 증거로 내세웠는데, 여기서 이정빈은 일본인들이 발견한 것들을 다시 들고 나왔다. 그러나 민족사학자 정인보는 일찍이 일본인들이 조작으로 심어놓은 가짜 유물임을 강조한 바 있다. 이와 관련하여 문성재는 『한사군은 중국에 있었다』(2016)라는 책에서 일제 강점기 낙랑 유물을 계속 발굴하여 '신의 손'이라 불렸던 세키노 다다시(關野貞)의 일기를 공개하며, 그가 베이징의 골동품상에서 한나라 때의 골동품을 다수 사들인 사실을 밝혔다. 그중 한 구절을 인용한다.

> "1918년 봄, 과거처럼 중국 여행길에 오른 세키노 다다시는 베이징에 머무는 동안 여러 차례 유리창의 골동품점을 돌아다니며 고대 특히 한(漢)대의 유물들을 사들였다. 위에서 보는 것처럼, 그는 자신의 일기에 '조선총독부 박물관을 위하여' 당시 한대의 것으로 감정된 발굴품을 300여 엔이나 되는 거금을 들여 구입했다고 적고 있다."
>
> – 문성재, 『한사군은 중국에 있었다』, 우리역사연구재단, 2016, 351쪽

그해 3월 22일에 세키노는 일기에 "유리창의 골동품점에는 비교적 한대의 발굴물이 많아, 낙랑 출토류품은 대체로 모두 갖추어져 있기에 내가 적극적으로 그것들을 수집함"이라 썼다. 그가 낙랑 출토품 위주로 사들인 것이 분명하고 시기적으로도 이정빈이 언급한 '1920년대 중반에 이르기까지'에 해당하니, 이것들이 조선총독부로 보내져 평양의 낙랑 유물로 둔갑한 것임을 누가 부정할 수 있을까?

이정빈의 결론도 헛된 학계의 주장을 되풀이하는 것으로, 고고학 자료가 '축적'되었다는 거짓 진술이다. 일본인이 심어놓은 것만 가지고 증거로 삼으려니 식민사관을 추종한다는 비난이 두려워 '축적'된 성과라고 우기지만, 위에 지적한 대로 북한에 갈 수 없는 우리 학계가 어떻게 평양에서 고고학적 성과를 축적할 수가 있었겠는가?

이정빈은 또 대륙의 영토를 논하는 민족사학계를 '영토순결주의'에서 나온 것이라고 주장하며 비난한다. 그러나 제1부에서 보았듯이 평양이나 살수 등의 지명만 하더라도 한반도가 아니라 랴오둥 지역임이 명확히 드러나는데도 이런 얼토당토않은 용어로 비난하는 자체가 말이 되지 않는다. 이정빈은 살수나 평양이 북한에 있었다는 문헌적 근거를 명확히 대고 필자의 주장을 반박해주기 바란다. 그러나 이정빈이 영토순결주의를 비판하는 근거는 문헌이 아닌 이기백의 말이다. 그는 "일찍이 타율성론을 비판한 이기백의 조언은 여전히 유효하다."고 하며 이렇게 인용했다.

"구체적으로 말한다면 압록강과 두만강 이남의 반도에 우리의 국토가 국한되어 있더라도 강대국이 될 수가 있는 것이다. 또 반드시 군사적으로 강대국이 되는 것만이 민족이나 국가의 이상일 수는 없다. 오히려 정치·경제·사회·문화의 여러 면에서 모든 민족 구성원이 균등한 권리와 행복을 누릴 수 있는 국가를 이룩하는 것이 군사적 강국이 되는 것보다 몇 배나 자랑스러운 일임이 틀림없다. 그리고 이러한 이상 국가의 건설이 반도라는 지리적 조건에 의해서 제약을 받을 수는 없는 일이다.

그러므로 식민주의사관의 극복은 역사관의 근본적인 변혁 자체가 이루어져야만 가능하다는 이야기가 된다. 넓은 국토를 개척하고 군사적 강국이 되어야만 위대한 국가가 된다는 낡은 역사관으로부터 벗어나야 한다."

– 이기백, 『한국사 시민강좌』 1집, 1987, 19쪽

글의 앞부분에서 지적한 이기백의 말은 겉으로 볼 때 매우 타당하다. 백범 김구도 「나의 소원」이라는 글에서 우리가 추구할 이상적 국가의 모습으로 문화 선진국을 지향해야 할 것이라고 했다. 한반도 안에 위치한 지금의 현실에서 나온 절실한 소원이지만, 이기백이 식민주의 역사관의 탈을 쓰고 있으면서도 민족을 위하는 것처럼 위선을 행하는 것과는 차원이 근본적으로 다르다.

신채호 이후 민족사학에서는 1차적 문헌사료를 가지고 역사적 진실을 밝히다 보니 우리 고대사의 영역이 광대한 대륙으로 나타나는 것을 알게 되지만, 이병도 이후의 학계는 사료의 근거를 대지 못하고 나아가 1차적 사료들을 거짓으로 해석하여 반도사관에 짜 맞추었다. 그러면서도 이기백이 우리 고대사의 '넓은 국토와 군사적 강국'이었던 진실을 외면하고 이를 '낡은 역사관' 운운하니, 적반하장이란 말은 꼭 이런 경우에 해당한다.

이기백 자신의 말을 따른다 치더라도 자기들 또한 '낡은 역사관'을 벗어났다는 이야기는 전혀 성립할 수가 없지 않은가? 신채호의 역사관이 낡은 것이라면, 신채호와 같은 시대를 살았고 심지어 일

제 식민사관과 내용이 똑같은 이병도의 사관은 무슨 이유로 낡은 것이 아니라는 말인가? 이기백 자신은 식민사관과 다른 어떤 참신한 역사관을 제시한 적이 있는가? 억지로 남을 공격하려다 보니 학문이고 생각이고 간에 논리라고는 찾아볼 수가 없다.

이정빈의 '반도사관의 순결성'에 사로잡힌 말을 다시 인용하고 비판하겠다.

> "넓은 국토를 지닌 군사적 강대국, 다시 말해 위대한 고대사를 말해야 비로소 식민주의 역사학에서 탈피한다는 강고한 믿음이 오히려 식민주의 역사학의 사유일 것이다. 그리고 그 사유는 비합리적인 믿음이라는 점에서 '주술'이라고 부를 수 있다."
>
> – 젊은역사학자모임, 『한국 고대사와 사이비 역사학』, 113~114쪽

넓은 국토와 군사적 강대국, 그리고 위대한 고대사는 비합리적인 믿음이고 '주술'이라고 매도했다. 그러나 신채호나 윤내현, 최재석 같은 학자들은 기본적 사료에 입각하여 합리적으로 연구한 대표적인 사례에 속한다. 그에 비해 이병도, 이기백 같은 학계의 주류였던 학자들은 이러한 학자들의 논리에 문헌을 토대로 한 학문적 방법으로 대응한 적이 없다. 자기들의 일방적 주장만 있었지 자기들을 비판하는 학자들에 대해 침묵으로 일관해온 학계가 어떻게 진정한 학자들의 집단이 될 수 있는가?

학문의 세계에서 '주술'이니 '사이비'니 하는 감정적인 말로 상대의

주장을 부정하려 하는 것은 전혀 학자답지 못한 태도다. 반박을 하려면 문헌과 논리로 해야 한다. 이정빈은 필자가 인용하고 있는 1차 사료들인 『사기』·「조선열전」·『한서』·「지리지」·『수경』·『산해경』 등이 역사서가 아닌 주술서임을 증명하거나 필자의 논리를 제대로 반박하지 못한다면, 자신이 식민사관을 추종하는 매국사학자임을 스스로 인정하는 꼴이 될 것이다.

지금까지 『역사비평』의 2016년 봄호와 여름호에 실린 젊은 박사들의 글 중에서 낙랑=평양설이 문헌적·고고학적 증거가 없는 매국사관임을 밝혔다. 그런데 역사비평사에서는 이런 매국사학자들의 글들을 모두 모아 따로 『한국 고대사와 사이비 역사학』이라는 책까지 펴냈다. 그리고 그 저자는 '젊은역사학자모임'이라고 하여 위 『역사비평』에 글을 실었던 풋내기 박사들을 내세웠다. 위기의 매국사학계가 더 밀리면 끝장이므로 어떻게든 민족사학을 죽이려는 처절한 몸부림이지만, 이런 얄팍한 속임수로 국민들을 속일 수 있던 좋은 시절은 이미 물 건너 간 냉엄한 현실을 직시하기 바란다.

민족사학계도 이러한 공세에 뒷짐만 지고 있을 수 없어 이번 8월에 그 책을 전면적으로 반박하고 매국사학의 실상을 적나라하게 비판한 『매국의 역사학자, 그들만의 세상』을 펴냈다. 책의 본문에는 '무서운 아이들'이라는 표현이 나온다. 「조선일보」에서 젊은 박사들을 띄우기 위해 2016년 7월 26일자 「국사학계의 '무서운 아이들'」이란 기사에서 처음 쓴 말이다.

"최근 한국 역사학계에 잔잔한 파문(波紋)이 일었다. 학술 계

간지 「역사비평」의 봄호와 여름호를 통해 한국사 연구자 6명
이 재야사학계의 고대사 해석을 정면 비판하고 나선 것이다.
…… 고대사와 현대사는 한국사의 두 지뢰밭이다. 그만큼 폭
발성 강한 쟁점이 깔려 있다. 고대사의 대표적 쟁점 가운데
하나가 '한사군(漢四郡)의 위치'다. 기원전 108년 한무제가 고조
선을 멸망하게 한 뒤 설치한 낙랑군, 진번군, 임둔군, 현도군
이 한사군이다. 그중에서도 400년간 존속했던 낙랑군의 위치
가 핵심 쟁점이다. 그동안 주류 역사학계는 낙랑군이 평양 일
대에 있었다고 보았다. 그런데 재야사학계가 '낙랑군은 요하
(遼河) 서쪽에 있었으며 한반도 북부설은 식민사학의 잔재'라고
공격하면서 논쟁이 촉발됐다. 이번 「역사비평」의 특집은 재야
사학계의 비판에 대한 주류 역사학계의 응답으로 볼 수 있다."

「조선일보」는 「역사비평」에 글을 실은 6명의 박사들을 '정통 고대
사학을 잇는 유망한 차세대 학자'라는 뜻으로 '무서운 아이들'이라고
추켜세워준 듯하나, 필자가 보기에는 그 진정한 뜻은 오히려 그 젊
은 박사들이 겁도 없이 '역사를 팔아먹는 무서운 아이들'이라는 뜻
이외의 아무 것도 아니다.

『매국의 역사학자, 그들만의 세상』에서 이주한(한가람역사문화연구소 연구
위원)이 이른바 '무서운 아이들'의 글을 종합적으로 비판했으며 필자
도 낙랑=평양설을 비판하는 글을 실었다. 관심 있는 독자들은 이
책과 역사비평사에서 낸 『한국 고대사와 사이비 역사학』의 두 책을
읽고 비교해 보면 어느 쪽이 올바른 방법으로 우리 고대사를 밝히

고 있는지 명확한 답을 얻을 수 있으리라 확신한다. 「조선일보」나 다른 주요 언론이 매국사학의 편에 서서 일방적으로 옹호하는 부당한 처사에 대해서는 제2부의 마지막에서 다루었다.

실증주의 역사학이라는
낡은 가면

이병도 이후의 역사학계는 실증주의 역사학이라는 이름으로 그 정당성을 확보하려고 해왔다. 19세기 독일의 역사가 랑케가 제창한 실증주의 역사학은 사료와 문헌들의 엄격한 고증을 거쳐 사실적인 기록으로 판명된 자료만을 토대로 역사를 객관적이고 과학적으로 기록해야 한다는 방법론이다. 랑케의 제자 리스가 1886년에 도쿄제국대학에 부임하면서 동양에서는 최초로 일본에 전해졌다.

그러나 귤이 회수를 건너면 탱자가 되어버린다. 독일에서 일본으로 건너온 실증주의 역사학도 '회수를 건넌 귤'이 되어버렸다. 당시 제국주의적 패권 확대에 광분하던 일본은 어용학자들을 통해 실증주의를 변형시키고 왜곡해 '일제식 실증주의' 역사학을 만들어냈다. 최재석의 증언을 들어보자.

"하타다 다카시에 의하면 랑케의 제자인 루트비히 리스가 19세기 말에 도쿄대학에 초빙된 것은 사실이다. 그러나 우리들이 생각하고 있는 것과는 달리 리스는 오로지 서양사학만 가르쳤다고 밝히고 있다. 하타다는 또 일본은 메이지 말기에 이르러 한국사의 독자성·자주성을 부인하고, 한국은 태고 때부터 만주와의 불가분의 관련 속에서 존재해 옴과 동시에 신대(神代)부터 일본이 한국을 일본의 본토와 마찬가지로 지배했다는 주장을 하게 되었다고 밝히고 있다. 따라서 메이지시대 일본인의 한국 사학이 랑케 사학의 방법론에 의해 이루어졌다는 주장은 매우 회의적이다. 랑케의 제자인 리스의 도쿄대학에서의 강의는 서양사에 한정되었으며, 또 근대의 고증학적인 방법에 의한 강의였다 하더라도 일본인들의 한국 고대사 왜곡은 랑케 사학과는 아무런 관계가 없으며, 일본인들의 한국사 왜곡은 일본의 한국 침략과 밀접한 관계가 있는 것이다."

– 최재석, 『고대한일관계사연구』, 경인문화사, 2010, 208~209쪽

일본에도 하타다 다카시처럼 예외적으로 양심적인 학자가 있으니, 일본 식민사학자들의 한국사 왜곡은 일제의 한국 침략을 위해 조작한 것일 뿐 랑케나 리스의 실증사학과는 관계가 없다는 증언이다. 그러므로 최재석은 같은 책에서 일본의 식민사학에 대해 "실증사학은 고사하고 역사 왜곡의 극치"라고 준열히 비판했다.

언론인 출신 서희건도 『잃어버린 역사를 찾아서』(1986)에서, 랑케의 제자 리스마저 "일본 학자들은 과학을 가장, 역사를 제멋대로 조작

한다."고 비난했다고 전한다. 그의 말을 들어보자.

> "『조선사』 편찬에 참가했던 이마니시 류, 스에마쓰 야스카즈, 이나바 이와키치를 비롯, 『삼국사기』 초기 기록을 허위라고 부정하거나 전설로 몰아붙인 쓰다 소키치, 마에마 교사쿠, 오타 아키라, 이케우치 히로시, 이노우에 히데오, 미시나 쇼에이 등이 모두 실증사학을 내건 일본 학자들이다. 이들은 『조선사』를 편찬하며 한국 고대사 부정에 필요한 자료만 남기고 나머지는 소각·인멸했다. 그리고 『삼국사기』와 『삼국유사』의 신빙성을 부정하는 논문을 써, 우리의 상고사를 파괴했다. 이마니시 류는 「단군고」를 써서 그 실체를 부정했고, 미시나 쇼에이는 신라 지증왕까지 21대 왕을 전설로 만든 장본인이다."
>
> — 서희건, 『잃어버린 역사를 찾아서』 3, 고려원, 1986, 159쪽

매국사학자 이병도는 대표적 어용학자인 쓰다 소키치 및 이케우치 히로시에게 배워 이러한 '일제식 실증주의'를 대한민국에 고스란히 가져왔으나, 입으로는 실증주의 역사학이 식민사관으로부터 벗어나 올바른 역사를 연구하기 위한 것이라고 선전했다. 이병도의 실증주의라는 것이 가면에 불과한 속임수라는 구체적인 예를 앞에서 많이 보았으므로, 랑케가 강조한 '엄격한 고증'과는 완전히 동떨어진 것임을 이제 독자들도 공감할 것이라 믿는다. 그러나 여기서 그의 젊은 시절인 일제 강점기에 온 정력을 기울여 연구했다는 한사군의 모든 현들의 위치와 3한 78국의 위치 비정에 대해, 그것이

'실증'과는 거리가 먼 '위증'임을 밝히고자 한다.

이병도는 한사군을 한반도 북부에 있다고 보고 3한은 한반도 남부에 있었다고 보아 120개에 달하는 모든 지명을 한반도 안에서 찾아내어 그것이 지금까지 학계의 정설로 통하고 있다. 이런 그의 일제 꼭두각시놀음은 명확히 밝혀지지 않으면 안 된다.

먼저 한사군의 위치를 알려면 그 전의 위만조선 땅에 둔 것이므로 위만조선의 위치를 확인해야 한다. 그 위치가 보하이(발해)만 일대임을 앞에서 기회가 있는 대로 논했지만 여기서는 다른 자료들 위주로 다시 논하기로 하겠다. 그만큼 이것이 중요하기 때문이다.

첫째, 위만이 조선으로 망명했을 때 '서쪽 경계'에 살며 중국 망명자들을 모아 조선의 울타리가 되고자 하므로, 그에게 100리 땅을 주어 '서쪽 변'을 지키게 했다(「위략」). 제1부에서 위만이 '패수 동쪽'으로 조선에 온 것을 보았듯이 그는 중국과의 경계 지역인 조선의 서부에 살며 수비하는 임무를 맡은 것이다. 그런데 이병도는 위만이 '패수 이북에서' 망명해 왔다고 거짓으로 주장했다. 그의 말대로라면 지금 북한의 '북쪽'인 중국과의 경계에 살며 수비해야 할 것인데, 서쪽인 서해가 어찌 중국과의 경계이며 또 무엇을 지킨다는 말인가?

둘째, 위만조선은 '바다 가운데 있으며 중국의 북쪽에 있어 호(胡)의 지역'이라고 한다(「사기색은」, 「천관서」). 여기서 바다 가운데라고 한 것은 보하이 바다를 ㄷ자 모양으로 둘러싼 조선을 말한 것이며, 따라서 중국의 북쪽이 된다. 이와 같이 위만조선이 중국 북쪽에 있다는데도, 이병도는 중국 북쪽의 (동)호를 조선이 아니라고 부정했으니,

실증이 아닌 거짓임을 알 수 있다. 이병도나 매국사학에서는 중국 연나라가 지금의 랴오둥에 있어 그 남쪽의 북한이 위만조선이라고 하지만 중국의 기록에는 그 반대로 기록된 것을 완전히 무시하는 것이다.

셋째, 위만조선의 강역에 대해 보면, '사방 수천 리'의 큰 나라로 기록했다(『사기』 「조선열전」). 이는 연나라가 2,000리라고 한 데 비해 2배 가량 되는 대국이었다는 뜻이다. 그런데 우리는 한반도의 남·북한을 3,000리라고 하여 애국가에도 이렇게 노래한다. 그렇다면 북한지역에 있었다는 위만조선은 1,000리 남짓밖에 될 수가 없는데, 중국에서는 왜 수천 리라고 기록했을까? 이병도는 이 '사방 수천 리'에 대해 이렇게 말한다.

> "사방 수천 리는 정확한 계산이라기보다 강역의 광대함을 표현하는 한 투어(套語 : 외투처럼 부풀린 말)로서 실상 그 판도는 지금 청천강 이남, 한강 이북의 땅과 동해안의 함남·강원도의 일부에 불과했다."
>
> — 이병도, 『한국 고대사 연구』, 한국학술정보, 2012, 93쪽

한마디로 중국 기록이 부풀려 수천 리라고 했다는 것인데 이것은 이병도의 무식함을 단적으로 보여준다. 중국인들은 중화사관에 따라 중국은 부풀리는 반면 주위의 오랑캐들은 줄이고 감추기 위해 온갖 거짓을 총동원하는 과대망상증 환자들이다. 그런데도 위만조선을 수천 리의 대국으로 쓴 것은 그 영토가 북한의 1,000리 정

도가 아니라 실제로는 엄청난 영토를 가졌다고 보아야 한다.

　이것은 필자가 이병도를 감정적으로 몰아붙이기 위한 국수주의적 입장에서 나온 것이 결코 아니다. 『사기』의 위 내용을 주석한 『사기집해』에 이렇게 설명되어 있다.

　　"『괄지지』에 이르기를 '(위만조선은) 조선·고구려·맥·동옥저 등
　　5국의 땅으로, 나라의 동서는 1,300리, 남북은 2,000리이며,
　　장안의 동쪽에 있다'고 했다."

　여기 『사기집해』에서 『괄지지』를 인용한 것이 '실증'이며, 『괄지지』에서 '사방 수천 리'를 구체적으로 그 거리를 표시한 것이 또한 '실증'이다. 동서 1,300리는 약 520킬로미터, 남북 2,000리는 약 800킬로미터인데, 이는 한반도 전체 면적의 약 4배로, 북한의 거의 10배에 해당하는 면적이다. 그러니 위만조선의 10분의 1밖에 안 되는 북한에 위만조선이 있었을 가능성은 제로다. 위 인용문에 위만조선이 당나라 도읍 장안[지금의 시안(서안西安)]의 동쪽에 있다고도 했으니 그것은 보하이 바다 쪽을 의미한 것이지만, 한반도의 평안도를 말했을 수는 없는 것이다.

　여기서 독자들은 이병도가 이런 기록을 알고 있었는지 매우 궁금할 것이다. 이병도나 매국사학자들의 유일한 장점은 모든 기록을 거의 다 알고는 있다는 점이다. 모르는 경우도 있지만, 자기들의 방어를 위해 모든 기록들을 실증하는 것이 아니라 거짓으로 대처하는 방법만 평생 연구하는 것이다. 이렇게 입만 열면 실증사학을 강

조하는 이병도 이후의 매국사학자, 아니 사기꾼들을 우리는 언제까지 먹여살려야 할까? 다행히도 문재인 대통령은 취임하자마자 바로 역사 교과서 국정화를 폐기하는 바람직한 모습을 보였다. 그런 올바른 역사관을 가진 대통령이라면 이 땅의 매국사학도 곧 뿌리 뽑아줄 것을 기대한다.

이상에 본 3가지 문헌만 가지고도 위만조선은 보하이 바다 쪽에 있었음이 명백히 드러난다. 그러나 이병도는 실증이라는 가면을 쓰고 위만조선에 둔 4군의 40개에 이르는 현들의 위치를 거짓으로 북한 땅에 일일이 비정했다. 더구나 4군 중 진번·임둔은 곧 없어졌기 때문에 『한서』「지리지」에 이름도 나와 있지 않는데도, 거기에 속했었다는 현들을 모두 찾아놓았다. 한사군이 이 땅에 축복을 가져오게 했으니 그렇게 좋았을까? '한사군 만세, 만만세!'가 아닐 수 없다.

그래서 이렇게 거짓을 실증인 것처럼 보이기 위해 125쪽에 이르는 아까운 지면을 현들의 위치를 찾는 데 도배했다. 충성스러운 황국신민임을 보여주기 위한 것이 아니었다면 조선인이 왜 이런 짓을 했겠는가? 할아버지 이완용이 조선의 번영을 위해 일제에 나라를 갖다 바쳤으니, 그 손자 또한 식민 지배가 영원할 것으로 믿고 조선이라는 나라도 영원히 지상에서 사라졌다고 믿은 것이 틀림없다.

다음에는 3한 78국을 한반도 남부에 우겨넣은 이병도의 거짓을 밝혀보자. 1937년 「3한 문제의 신고찰」 서문에 그는 이렇게 썼다.

"3한에 관한 역사지리상의 문제는 저 고조선 한사군에 관한 그것과 한 가지 조선사학상의 일대 중요 문제에 속하며, 또 이런 문제의 연구는 특히 조선 상대사를 석명함에 있어 큰 관계를 가지고 있는 것이다. 3한 및 4군 문제로서 어느 정도 까지의 해결을 보지 못하면, 조선 상대사의 한 큰 중요 부분 은 마치 운무(雲霧 : 구름과 안개 : 필자)와 암흑에 잠긴 바와 같아 애매혼돈하여 언제든지 정당한 인식에 도달하지 못하고 말 것이며, 인하여 진정한 조선사의 현출(現出)은 바랄 수 없을 것 이다."

구구절절 옳은 말이다. 그러나 이런 중요한 문제를 거짓으로 반 도사관에 짜 맞추어 조선총독부에 바친 것이 이병도의 치명적인 문 제이니, 이를 비판하겠다.

한(韓)국에 마한·진한·변한이 있어 거기에 78개의 읍락 국가가 속했다며 그 이름을 모두 열거한 사료는 진수의 『삼국지』뿐이며, 우 리의 『삼국사기』 등 어느 기록에도 이런 내용이 없다. 더구나 중국 의 삼국시대(서기 220~280)는 이미 백제와 신라가 당당한 고대 국가로 성장한 때인데도 중국에서 이런 말도 안 되는 중화사관으로 우리 역사를 조작해놓았으니 참으로 고약한 일이다. 그러나 식민사학자 들이나 이병도에게는 이 기록이 성경 구절처럼 신성하고 고마우며, 오로지 거기에만 의존한다. 물론 동시에 『삼국사기』는 부정한다.

그 『삼국지』에 보면 3한의 영토가 '사방 4,000리'라고 했다. 위에서 위만조선이 수천 리의 대국임을 보았는데, 한국이 4,000리라고 한 것을 보면 이 역시 지금 남한 지역보다 적어도 3배 내지 10배에 이 르는 매우 큰 나라임이 쉽게 드러난다. 이에 대한 이병도의 실증의 탈을 쓴 위증을 보자.

> "3한의 지방을 4,000리라 한 기사에 대하여는 의심이 없지 아
> 니하니…… 면적이 4,000리라 하면 암만해도 실제와는 부합
> 지 않는 지나친 릿수라고 하지 않을 수 없다. 이 역시 정확한
> 측량에 의한 릿수는 아닐 것이므로 이러한 숫자에는 신용을
> 둘 수 없고 다소 할인해 보지 않으면 안 된다."

– 위와 같음. 57쪽

4,000리가 "실제와는 부합지 않는 지나친" 것이라며 신용할 수 없
다고 했다. 4,000리의 한국이 어디에 있을 수 있을까 실증적으로
찾아보는 것이 아니라, 한국이 한반도 남부에 있었다는 식민사관을
전제해놓고 옛 기록을 자기 멋대로 추측하는 것이다.

한국이 한반도가 아니라 지금의 중국 산둥성 등지에 있었던 사
실을 보자. 진시황의 학정에 시달리고 진·한 교체기의 전쟁에 시달
려 연·제·조나라 백성 수만 명이 한국으로 도망왔다고 한다. 이들
이 인접한 한국으로 온 것은 지극히 당연하다. 그러나 한반도로 멀
리까지 온다는 것은 특별한 경우가 아니라면 생각하기 어렵다. 매국
사학의 반도사관으로서는 이러한 상황이 실증되지 않는다. 만약 연
나라가 조선과 압록강에서 경계했다면 바로 남쪽의 조선으로 오면
되는데 왜 굳이 한반도 남부인 마한이나 진한까지 왔는지 이해할
수가 없다.

그리고 제나라나 조나라는 산둥·산시성에 있어 한반도의 한국

으로 오려면 서해를 건너야 하는데, 고대에 수많은 중국인들이 먼 바다를 건너왔다고는 보기 어렵다. 제1부에서 본 대로 백제나 신라의 전신인 마한·진한이 연·제·조에 인접해 중국 동해안 쪽에 있었기에 수만 명의 망명인들이 대규모로 한국으로 올 수 있었던 것이다. 또 만약 그들이 황해를 건너왔다고 하더라도, 왜 북한 지역으로 갔다는 기록은 없고 남한 지역으로만 왔는지도 합리적인 설명이 안 된다.

이와 같이 한국이 남한 땅에 있었다는 증거가 없는데도 이병도는 마한의 54국과 진한·변한 각 12국의 위치를 지금 대한민국 땅에 비정했다. 그런데 그 많은 나라들의 이름만 『삼국지』에 나올 뿐 달리 실증할 문헌이 없으므로, 각 나라 이름과 글자 한 자만 비슷한 지명이 한반도에서 나오면 찾았다고 우겼다. 한 예로 마한의 고리국(古離國)에 대해 이렇게 썼다.

> "광개토왕 비문에 나타나는 고리성(古利城)에 비정하고 싶다. 고리성은 동 비문에 아단성(금 아차산) 등 한강 북쪽 여러 성과 함께 쓴 것을 보면 역시 한강 북쪽의 땅으로 추측되거니와, 지금 양주 풍양의 옛 이름이 고구려시대에 '골의노'현이라고 했던 것을 참고하면 골의는 곧 고리와 음이 일치한즉, 이곳에 비정하여 불가함이 없을 줄로 안다."
>
> – 위와 같음, 63쪽

광개토대왕 비문의 고리(古利)가 고리(古離)국과 글자는 한 자 다르지만 이것을 찾아낸 것은 그렇다 치자. 그러나 아단성이 아차성이라는 것은 따로 논증도 없이 '아' 자만 가지고 자기가 그리 본 것이다. 또 아단성이 아차성이라 치더라도 같이 기록된 고리성이 한강 북쪽에 있었는지 아닌지는 별도의 문제다. 그러나 이렇게 해서 한강 북쪽에서 찾다보니 고구려의 '골의노'를 발견해 이 중 '골의' 두 글자가 '고리'와 음이 일치한다는 것 때문에 그곳이라고 결론짓는다. 입만 열면 부르짖던 실증은 간 데 없고 오로지 추측의 연속이며 소설이라고밖에 볼 수 없다.

지명을 비정하자면 원칙적으로 기록과 똑같은 지명이 나와야 하는데, 이병도의 경우 78개 중 한반도에서 똑같은 지명을 단 하나도 찾아내지 못했다. 그래서 이런 말도 안 되는 억지 비정을 하다보니 이병도 자신도 그 어려움을 이렇게 토로했다.

> "각 50여 국의 소재 위치의 비정 문제는 역시 단순한 것이 아니어서, 그중에 비정해 얻지 못한 것이 5분의 1 가량은 되며, 또 그럴듯하게 비정될 수 있는 것 중에도 완전히 확실성을 가진 것과 그렇지 못한 것이 각각 절반씩이나 된다."
>
> — 위와 같음, 62쪽

이것은 아마도 이병도가 평생 한 말 중에서 가장 솔직한 고백일 것이다. 그러나 이 말도 자기의 부족함을 겸허하게 표현하려고 한 것이라기보다는 전체의 5분의 2는 확실하다는 뜻을 우기려는 술책에 불과하다. 실제로 그는 확실하다고 보는 9개국의 이름을 들었는데 그 하나인 월지국에 대해 이렇게 말했다.

> "『위략』에 기록된 목지국과 같은 것으로 진왕(辰王)의 도읍지이
> 며 직산·성환·평택 등지를 포함한 지역이다."
>
> – 위와 같음, 63쪽

월지(月支)를 목지(目支)와 같은 나라라고 할 뿐 아무런 설명도 없으니 실증이라 할 수가 없다. 또 목지는 마한의 진왕이 다스리는 도읍으로 알려져 있지만 그곳이 직산 등지라고 하는 것은 식민사학자들과 이병도의 억설일 뿐이다. 제1부에서 온조대왕이 내려온 마한이 황해도 남쪽의 서해안이 아님을 보았지만, 여기서 『삼국지』로 다시 확인해보자. 온조대왕 이전에 위만이 조선으로 와서 준왕을 쫓아내므로 준왕이 궁인들을 데리고 "바다로 달려 들어가 한(韓)에 거주하며 스스로 한왕이라고 칭하였다."고 한다.

이 내용은 보하이 바다 북쪽의 조선에서 준왕이 배를 타고 남쪽으로 보하이 서안이나 남안에 이르렀고 거기가 한국이었다는 것이다. 앞에서 조선이 '바다 가운데' 있었다는 표현을 보았는데 이 경우에 적절한 상황인 것이다. 그러나 조선과 한이 한반도에 있었다면 육로로 내려오면 매우 가까운 길을 굳이 마다하고 배를 타고 많은 인원이 이동했다는 것은 이해하기 어렵다. 어쨌거나 조선의 준왕이 평양에 있지도 않았으므로 경기도나 충청도로 올 수도 없다.

우리 측 사료는 왜 몽땅
가짜가 되어야 하나?

우리 역사의 가장 큰 비극은 수많은 역사 기록이 거의 대부분 사라져 지금 전해오지 않는다는 점이다. 우선 고조선의 적통을 자부하던 고구려가 망하면서 전해오던 기록이 전부 불타버렸는데, 그 중에는 고조선 당시의 기록인 『배달유기』, 『신지비사』, 『해동비록』 등이 있었으며 고구려 때의 『신지비사 역술』도 있었다고 한다. 뒤에 후백제가 망할 때 『단군기』, 『선사』, 『유기』, 『국사』 등이 불타 없어졌으며, 고려 때는 몽골의 침입으로 『해동고기』, 『삼한고기』 등이 없어졌다 한다.

조선에 와서도 외침으로 많은 역사서가 소실되었으며, 국세가 기울어 중국의 눈치를 보느라 그나마 민간에 전해오던 역사서들 대부분을 금서로 지정해 여러 차례 거둬들였다. 『표훈천사』, 『고조선 비기』, 『삼성밀기』 등 많은 책이 이에 속한다. 일제 강점기에는 또 한 차례 전래의 사서 대부분을 거둬 태워버렸는데, 더러는 일본으로 가져가 지금 어딘가에 비장되어 있다는 주장도 있지만 실정을 알 수가 없다. 『조대기』, 『진역유기』, 『제왕 연대력』 등이 대표적인 책이다.

이런 어려운 여건 아래서도 소수의 비장된 책들이 불행 중 다행으로 전해지고 있으니 그 대표적인 것이 『환단고기』이다. 그러나 이 책은 원래의 책 이름이 아니고 전해오는 5권의 책을 한데 묶어 편찬한 것으로 1911년에 발간되었다. 그 속에 포함된 5권의 책은 『삼성기 상』, 『삼성기 하』, 『단군세기』, 『북부여기』, 『태백일사』인데, 이 중 빠른 것은 신라 말에서 늦은 것은 조선 초까지 약 1,000년 동안에 각각 다른 사람이 저술한 것이다. 이 외에 별도로 전해오는 책으로 『규원사화』, 『단기고사』, 『신단실기』 등이 있고 가장 최근에 알려진 『화랑세기』, 『부도지』가 있다.

이 책들은 우리의 옛 역사를 알려주는 보배같은 저술이지만 지금 학계에서는 모두 위서로 몰아 그 사료적 가치를 인정하지 않고 연구도 하지 않는다. 그러나 필자가 앞에서 더러 인용하고 중국의 기록과 비교한 대로 많은 진실이 담겨 있다. 우리 역사를 밝힘에 있어 우리 겨레가 저술한 역사서를 기본으로 함은 너무나 당연한 것이며, 중국이나 일본의 역사서는 많든 적든 자국사 위주로 서술하여 우리 역사를 왜곡했으므로 우리 역사서와 비교·검증하는 것이 옳은 방법이다.

그런데도 학계에서는 이들 책의 내용 중 잘못이라는 극히 일부 내용을 단편적으로 제시하고 책 전체를 위서로 단정해버리고 아예 쳐다보지도 않는다. 그 단적인 예가 『환단고기』에 고조선의 건국을 서기전 2333년으로 기록하여 믿을 수 없다고 한다. 그들의 논리는 고대 국가는 청동기를 사용하기 시작한 서기전 10세기 이전에 출현할 수 없다는 것이다. 그러나 중국에서는 서기전 10세기가 아니라 그보다 1,700년 전에 이미 신농씨가 청동기에 문자까지 새겼음이 밝혀지고 있는데도, 이웃한 우리는 그 후 1,700년 동안 청동기 이전의 석기시대 상태로 있었다는 것이 말이 되는가? 이런 부분을 제대로 밝힐 생각은 애초에 없이 한국의 역사학자라는 자들이 우리의 역사를 지우기 위해서만 모든 노력을 기울이고 있으니, 필자로서도 더 이상 할 말을 찾기 어렵다.

다른 예를 보면 『환단고기』의 단군조선과 3조선설은 신채호의 『조선상고사』(1931)의 영향을 받은 것으로, 그 전인 1911년에 출간되었다는 것은 거짓이라고 한다. 그러나 두 책 중 『환단고기』 내용이 더욱 상세하기 때문에 오히려 신채호가 이를 본 후에 『조선상고사』에 그 내용을 반영했다고 보는 것이 더 합당하다. 만약 그들의 주장이 일부 사실이라면 그런 부분은 학문적으로 잘못임을 밝히면 되는 것이고, 그런 단편적인 내용을 꼬투리 삼아 책 전체가 거짓이라는 논리는 성립할 수 없다. 어떤 책에 아무리 많은 잘못이 있더라도 옳은 부분이 있다면 이를 밝혀내는 것이 학자의 역할이 아닌가? 학계에서 『삼국사기』의 초기 기록들을 전면 부정하면서도 후대의 일은 『삼국사기』에 의존하는 것과 비교하면, 『환단고기』 등을 대하는 태도는 매우 불합리하다.

다음에 고대사의 핵심적 지명인 패수에 대하여『환단고기』에 수록된『북부여기』의 내용을 보기로 하자.

"시조 단군 해모수 38년(서기전 202) 연나라 노관이 다시 요동의 옛 요새를 수리하고 패수를 동쪽 경계로 삼았다. 패수는 지금의 조하(潮河)이다."

북부여의 시조인 해모수 단군 때(서기전 202) 연나라와 북부여의 경계가 패수로 되었는데 그 패수가 지금의 차오허(조하)라고 기록했다. 차오허(조하)는 베이징의 동쪽에서 바이허(백하)와 만나 차오바이허(조백하)가 되며 톈진 북쪽으로 흘러 보하이 바다로 들어가는 강이다. 이와 같이 그 연대와 패수의 위치를 명확히 밝혀놓았으므로 이는 신빙성이 매우 높다고 볼 수 있다. 반면에 사마천이『사기』「조선열전」에 기록한 패수는 그 위치가 어디인지 알기 어렵다.

필자가 제1부에서 중국의 기록들을 토대로 패수가 지금의 차오허(=차오바이허)임을 밝혀냈지만 우리 기록에 이렇게 명확히 쓰여 있는 내용을 근거로 제시하지 못하는 이유가 바로 매국사학자들이 우리 기록을 무조건 가짜로 몰아버리기 때문이다.『북부여기』를 근거로 패수가 차오허(조하)라고 했다가는 그들로부터 당장 '사이비'라는 비난을 받을 것이니, 귀중한 우리 기록을 유일한 근거로 삼지 못하고 중국의 기록들로 우회하여 진실을 설명할 수밖에 없는 고약한 현실인 것이다.

다음으로 청동기시대에 관한 기록을 보자.『환단고기』에 수록된

『삼성기전 하』에는 이런 기록이 있다.

> "14세 자오지 환웅은 신이한 용맹이 뛰어났다. 구리와 쇠로
> 만든 투구를 쓰고 큰 안개를 일으키며, 광석을 캐고 주조하
> 는 기계로 무기를 만드니 천하가 크게 두려워하였다."

이때는 서기전 27세기로 단군이 고조선을 세우기 300년 전인데
당시에 이미 구리와 쇠를 무기로 썼다니 놀라운 일이다. 매국사학에
서는 이 책을 비롯한 우리의 전래 사서들을 모두 위서로 몰아버리
지만 위 기록이 사실임을 중국의 『관자』, 『태평어람』, 『산해경』, 『후한
서』 등이 증언하고 있는데, 먼저 『관자』에는 이렇게 씌어 있다.

> "갈로산에서 물이 나올 때 쇠가 따라 나오므로 치우가 이를
> 받아 칼, 갑옷, 창, 갈래 창을 만들었다. 이 해에 9제후를 아
> 울렀다. 옹호산의 물에서 나온 쇠로는 특별한 창을 만들어
> 12제후를 아울렀다."

여기의 치우는 고조선 이전 배달국의 14대 천왕을 말하는데, 이
치우천왕이 갈로산과 옹호산의 쇠로 여러 병기를 만들고 21이나 되
는 제후를 아우르는 막강한 정복 군주임을 보여준다. 중국의 『산해
경』을 주석한 곽박은 "치우는 병기를 만들어 황제(黃帝)를 토벌했다."
고 하여, 위 기록의 신빙성을 뒷받침하고 있다. 또 현대 중국의 뤄
빈지(낙빈기駱賓基)가 서기전 27세기인 신농씨 당시 이미 청동으로 만든

기물에 새겨진 문자를 해독한 것을 보면, 비슷한 시기의 치우천왕에 관한 중국의 기록들도 신빙성이 있음을 알 수 있다.

한편 위 『삼성기전』에는 치우천왕이 강한 군사력을 바탕으로 '청구(靑丘)'를 개척하여 넓혔다고 하여, 청구는 배달국의 새 거수국이 된 것으로 보인다. 이 청구는 고려·조선시대에 우리나라의 별칭으로 통용된 이름인데 그 유래가 이와 같이 오랜 것이다. 또 고려 이후 우리는 대륙의 땅을 잃고 반도에 있었으나 치우천왕의 청구는 산둥 지역의 바다 쪽에 있었다. 치우씨의 청구가 우리나라의 별칭이 된 것에서 다시 한 번 우리가 치우의 후손임을 확인하게 된다.

청구는 치우천왕 당시로부터 1,300년 뒤인 주나라 초기에 성왕이 개최한 국제 대회에 참석한 나라 중의 하나로 중국의 기록에 다시 나타난다. 또 그 1,000년 뒤인 한나라 초기에도 기록에 나타나 2,300년 동안이나 같은 이름으로 같은 곳에 존재한 나라였다. 이렇게 오랜 역사를 가진 나라는 세계적으로도 유일한 예가 될 것이다.

청구의 위치는 '해동 300리'라 하여 중국 동해안 지역임을 알 수 있는데, 『산해경』에는 중국 동남쪽의 대인국으로부터 북쪽으로 군자국 등 여러 나라를 지나 청구국이 보인다. 종합해보면 산둥성 부근의 바다에 면해 있었다고 하겠다. 이러한 사실을 뒷받침하는 다른 근거는 치우천왕의 무덤이 산둥성 동평군 수장현의 함향성 안에 있다는 기록이다. 그가 자신이 개척한 청구 부근에 묻혔을 가능성이 높다고 하겠다. 『사기』의 주석서를 보면 무덤의 높이가 7장인데 백성들이 10월에 늘 제사를 지낸다고 했다.

이와 같이 청구를 개척하는 과정에서 중국의 시조라는 황제와 충돌하게 된 것으로 보이는데, 우리 측의『규원사화』라는 책에는 치우천왕이 황제 헌원과 10년 동안 70여 차례나 싸웠다고 기록했다. 그런데 사마천은『사기』「5제본기」에 이렇게 썼다.

> "치우가 천하를 어지럽혀 명을 따르지 않으므로, 황제는 제후들로부터 군사를 징집하여 치우와 탁록의 들에서 싸워 드디어 치우를 잡아죽였다."

치우가 황제의 명을 받는 제후처럼 기록하고, 그가 천하를 어지럽히므로 탁록에서 싸워 단번에 죽인 것처럼 썼으나 이는 모두 거짓이다. 이른바 공자를 잇는 중화사관에 의한 역사 왜곡인 것이다. 그 이유는 우선 치우천왕에 대해『사기』이외에 중국의 많은 책에는 '9려(黎)의 군주'라고 하여, 치우천왕이 황제의 제후가 아니라 9려, 즉 동이족의 군주임을 밝히고 있기 때문이다.

또 황제가 치우천왕을 한 번의 싸움으로 쉽게 죽였다는 것도 말이 안 된다. 치우천왕은 쇠로 무장한 당대 최강의 군대를 거느렸으므로, 오히려 황제가 치우와 70번이나 싸우면서 버텼다는 우리 측 기록이 더 신빙성이 있다. 한편 중국의『전국책』에도『사기』와 달리, "황제가 탁록에서 (치우와) 싸웠으나 서융의 군대가 오지 않았다."거나 "연나라가 진나라를 치므로 황제가 어려움에 처했다."라고 하여 황제가 주변 나라들로부터 지원군을 얻지 못해 고전했음을 보여준다.

치우천왕은 황제와의 10년 전쟁을 비롯해 모든 싸움에서 이겼기 때문에 전쟁의 신으로 추앙받게 되었는데, 이러한 사실은 사마천이 쓴 『사기』 「봉선서」를 통해서도 알 수 있다. 그 내용은 먼 훗날 중국을 통일한 진시황이 8신에게 제사지낼 때 하늘과 땅 다음으로 세 번째로 군사의 신인 치우에게 제사했으며, 또 진나라를 멸하고 한나라를 세운 유방도 전쟁에 임할 때 언제나 치우씨에게 제사한 뒤에 출전했을 뿐 아니라 도읍지 장안에 치우씨의 사당까지 세워 숭상했다.

같은 『사기』에 이렇게 버젓이 써놓고도, 황제에 관한 부분에서는 치우를 역적인 제후처럼 만들어 쉽게 죽였다고 했으니, 황제를 중국의 영웅적 시조로 조작하기 위한 사마천의 중화사관이 여실히 드러난다. 또 황제라는 공손헌원은 위 우리 기록이나 뤄빈지의 『금문신고(金文新考)』에 원래 한(漢)족이 아닌 동이족임을 밝혔는데, 사마천은 그를 중국의 시조라 하여 한족으로 만들어버렸다. 더욱 놀라운 사실은 뤄빈지에 의하면 황제는 제왕이 되지 않았으며, 실제로는 그의 아들인 소호 금천씨가 제왕이 되어 5제의 첫 번째가 된다는 것이다. 황제가 아니라 소호를 5제의 첫째로 본 견해는 사마천 같은 유학을 숭상하는 외의 학자들이 가지고 있던 설이었는데 이것이 근래에 와서 입증된 것뿐이다.

그런데 뤄빈지는 두 사람이 장인과 사위 관계라는 매우 중요한 사실을 밝혀냈다. 더욱 놀라운 사실은 신농씨의 사위인 헌원씨가 당시 모계사회의 풍습상 신농의 제위를 이을 위치에 있었다는 것이다. 간단히 설명하면 신농과 헌원의 두 집안 사이에 혼인 관계가 계속 이어져 아들이 아닌 사위에게 서로 제위를 넘겨주는 방식으로 뒤의 요·순·우까지 이르렀다는 것이다.

그런데 신농이 중국을 다스릴 때 사위 헌원은 배달국에 대해 강경히 저항해 싸웠는데, 이는 우리의 『태백일사』 기록대로 그의 선조가 배달국으로부터 헌구로 추방당한 것이 큰 원인으로 보인다. 그러나 이 때문에 당시 대국인 배달국에서 소국인 중국의 신농을 압박하여 헌원은 제위를 잇지 못하고 그의 아들이 뒤에 제위에 올랐다. 사마천은 헌원을 제왕으로 내세우며 아들 소호는 역사에서 지워버리고 부자 관계도 밝히지 않았다.

지금까지 본 대로 『환단고기』 등 우리의 사서들은 너무나 중요한 우리의 역사를 담고 있으므로 이를 깊이 연구하여 중화사관에 의해 조작된 우리 역사를 복원하지 않으면 안 된다. 사정이 이러한데도 매국사학자들은 위대한 우리의 고대사를 지우기에 광분하여 우리 전래의 사서들을 몽땅 가짜로 내쳐버리니, 그들의 반민족적 작태는 과연 언제까지 지속될 수 있을까?

끝으로 『환단고기』 내용을 믿을 수 있는 유력한 근거로 자연 현상에 관한 부분을 예로 들어보자. 『단군세기』의 흘달 단군 때(서기전 1733) '다섯 별이 한데 모였다'는 기록이 있는데 이는 수·금·화·목·토성의 5행성이 모였다는 것이다. 행성의 결집은 천문학적으로 매우 드문 현상인데, 천문학자 박창범은 이 기록보다 1년 전(서기전 1734)에 실제로 5행성이 일렬로 모인 사실을 밝혔으며, 1953년에도 같은 현상이 일어났다고 했다. 이런 희귀한 일을 기록한 책을 덮어놓고 위서라고 단정해도 되는가?

『삼국사기』로 부정되는
삼국의 역사

　고구려·백제·신라 삼국의 정사로 고려 때 김부식이 주관해 편찬한 책이 『삼국사기』임은 국사를 배운 한국 사람이면 다 알 것이다. 그러나 『삼국사기』는 매우 문제가 많은 책인데 이에 대해서는 잘 아는 국민이 그리 많지 않으므로 다소 설명이 필요하다. 가장 큰 문제는 『삼국사기』를 편찬함에 있어 우리의 사료를 소홀히 취급하고, 중국의 역사서 위주로 참고하고 많은 부분 그대로 인용한 것이다. 한마디로 주체적 역사관이 아니라 중화를 숭상하는 사대주의적 역사관에 입각한 것이다.

　김부식이 서문에 실은 『삼국사기』를 올리는 글'을 보면 맹자를 인용하여 중국의 춘추시대에 지은 역사서들을 언급했으며, 삼국 역사의 편찬을 명한 인종을 중국 요 임금의 학문을 바탕으로 우 임금의 근면과 검소를 본받는 훌륭한 군주로 칭송했다. 그가 유학자로서 중국을 흠모하는 사대적 역사관에 깊이 물든 것을 알 수 있다. 그리고 본문에서 역대의 대왕을 모두 '왕'으로 기록하고 왕의 죽음을 '훙(薨)'으로 썼는데 이는 삼국이 모두 중국의 제후국에 불과하다는 입장을 명백히 한 것이다.

그러므로 중국에서 삼국의 왕을 책봉한 기록을 일일이 남겼으며, 나아가 삼국에서 중국으로 사신을 보낸 기사도 빠짐없이 기록하며 조공(朝貢)했다거나 공물(貢物)을 바쳤다고 하여 삼국의 위상을 낮추었다. 그러나 신라 때의 기록인『화랑세기』를 보면 왕을 '대왕' 또는 '대제' 등으로 부르고 독자적인 연호도 씀으로써 중국과 대등한 나라로 자부한 사실을 알게 된다.

『삼국사기』의 다른 근본적인 문제는 신라 위주로 역사를 서술하면서 백제와 고구려의 역사를 많이 왜곡하거나 너무나 소략하게 다루었다는 것이다. 특히 두 나라의 자랑스러운 일을 감추고 수치스러운 일은 과장하거나 조작해서 기록했다. 구체적인 예로 백제 24대 동성대왕의 경우를 보면 "담력이 남보다 뛰어나고 활을 잘 쏘아 백발백중이었다."고 좋은 면을 기록했으나, 재위 23년 동안 사냥한 일을 가장 많이 써놓았으며 잔치를 베푼 일과 궁을 짓거나 수리한 일 등 별로 좋지 않은 기사가 대부분이다. 대외적인 관계에 있어서는 중국 남조 제나라의 속국이 되어 조공하였다는 기사, 신라와 친하여 귀족의 딸을 아내로 맞고 고구려의 신라 공격 시 원군을 보낸 일 외에는 별다른 내용이 없다.

그리고 동성대왕 10년(서기 488) 중국 북조의 북위가 침입해 온 데 대하여, "위나라에서 군사를 보내 침입하였으나 우리 군사에게 패하였다."고 지극히 짧게 썼다. 그러나 이 사건에 대해 남제의 역사서인 『남제서』에 매우 상세한 기록이 남아 있다.

> "이 해에 (북)위 오랑캐가 또 다시 기병 수십만을 동원하여 백제를 공격하여 그 경계에 들어가니, 모대가 장군 사법명, 찬수류, 해례곤, 목간나를 보내 무리를 거느리고 오랑캐군을 기습·공격하여 대파하였다."

북위가 백제를 공격했는데 기병 수십만 명을 동원했다고 하였다. 이는 당시까지 중국이 우리를 침략한 가운데 가장 대규모로 일으킨 군사였다. 이로부터 약 200년 뒤에 당나라에서 백제를 멸할 때 병력 13만을 보낸 사실과 비교해볼 때, 이는 백제를 없애버리겠다는 강한 의지의 표현이었다. 그러나 동성대왕이 4명의 장군을 주축으로 북위를 크게 쳐부수어 물리친 것을 알 수 있다. 이는 뒤에 고구려의 을지문덕이나 연개소문 장군이 수나라와 당나라 황제가 대군을 이끌고 직접 침입한 것을 물리친 일과 별로 다르지 않다. 그런데 『삼국사기』는 이런 엄청난 영웅적 전쟁을 감춰버린 것이다.

북위를 물리친 동성대왕은 위 4명의 장군을 그 공에 따라 왕·후로 봉하고 이러한 사실을 남제에 국서로 통보했는데, 『남제서』에는 동성대왕이 사법명, 찬수류, 해례곤을 각각 도한왕, 아착왕, 매로왕으로 봉하고 목간나는 불사후로 봉하였다고 기록했다. 이런 것을 보면 당시 백제의 대왕이 중국의 황제처럼 왕과 제후를 봉한 큰 나라였음이 드러난다.

남제에 보낸 국서에는 또 위의 장군들 아래의 7명을 군의 태수로 임명한 사실도 함께 통보하였다. 그 군의 이름은 광양·조선·대방·광릉·청하·낙랑·성양군으로 되어 있는데 그 위치는 광범위하여, 지금의 허베이성·산둥성의 해안을 따라 장쑤성에까지 이른다는 윤내현의 연구도 있어 타당성이 높다고 생각된다. 이런 중요한 사실을 중국의 역사서조차 기록해놓았는데 김부식은 중국의 기록도 몰랐는지, 동성대왕이 사냥이나 좋아하고 궁궐이나 지어대는 좋지 않은 임금으로 만들어버렸다.

다른 예를 들면, 백제의 시조를 온조대왕이라고 기록했으나 실제로는 온조의 어머니인 소서노가 백제를 건국했다는 것이다. 이를 처음 주장한 사람은 신채호인데, 그는 『삼국사기』에 온조가 하남위례성에 도읍한 12년 뒤에 소서노가 죽자 같은 하남위례성으로 옮겼다는 기록의 모순을 지적하였다. 이는 하북위례성이 첫 도읍이고 거기서 소서노가 왕이었던 사실을 숨기려다 이런 모순이 생겼다고 보았다.

필자도 신채호의 견해가 타당하다고 보는데 그 이유는 3가지다. 첫째, 비류가 미추홀로 따로 가기를 원했다는 사실에 무언가 숨겨진 사연이 있다고 보이기 때문이다. 만약 소서노가 아들을 대왕으로 세울 계획이었다면 장자인 비류를 생각했을 것이고 그 일을 비류에게 말해주었을 것이다. 그런데 소서노가 스스로 대왕이 되려는 것을 알고 실망한 비류가 어머니에게 반발하여 따로 가서 나라를 세우려고 한 것으로 볼 수 있다.

이러한 추정은 비류가 미추홀에서 실패한 뒤 위례성에 와보고 부끄러워 뉘우치다 죽었다는 데서 확실성이 더 높아진다. 소서노가 나라를 잘 꾸려나가고 있으므로 자기가 어머니에게 반대한 것이 후회되어 견딜 수 없어 결국 죽음을 택한 것이라 하겠다. 만약 단순히 바닷가에 살고 싶어 갔던 것인데 형편이 좋지 않았다면 다시 어머니에게 돌아오면 아무 문제될 것이 없는데도, 젊은 그가 죽을 수밖에 없었다면 소서노와의 관계가 아주 나빴던 것으로 보인다.

두 번째 이유는 김부식의 철저한 유교적 신념에서 볼 때 여성이 건국 시조라는 사실이 지극히 못마땅하여 시조를 온조로 바꿔버린 것으로 보인다. 김부식은 신라의 선덕·진덕 두 여성 대왕에 대하여 자신의 생각을 이렇게 썼다. 좀 길게 써서 자기의 확고한 소회를 밝혔는데, 현대적인 관점에서 용납하기 어려우므로 그대로 전부 인용하겠다.

> "논하건대, 내가 듣기에 옛날에 여왜씨가 있었으나 천자는 아니고 복희씨를 보좌하여 9주를 다스렸을 따름이고, 여치(한나라 태후 여씨)·무조(당나라 태후 무씨, 뒤에 황제를 칭함)와 같은 사람은 유약한 임금을 맞아 정치를 대신하였으나 공공연하게 왕이라 칭하지는 않고 다만 고황후 여씨니 측천황후 무씨니 하고 기록하였다. 이를 천리로 말하면 양은 강하고 음은 유하고 사람으로 말하면 남자는 높고 여자는 낮은 것이니, 어찌 노파가 안방을 나와 국가의 정사를 결단하겠는가? 신라가 여자를 왕위에 세운 것은 실로 난세의 일로써 나라가 망하지 않은

것이 다행이다. 『서경』에 말하기를, '암탉이 새벽을 알린다' 하
고, 『역경』에 말하기를 '암돼지가 껑충거리며 날뛴다' 하였으니,
경계해야 할 일이 아니겠는가?"

– 『삼국사기』 「신라본기」 〈선덕왕 16년〉조

이처럼 확고한 소신을 가졌기에 그가 백제의 시조를 소서노에서
온조로 슬쩍 바꿔치기했을 개연성은 매우 크다고 본다.

셋째, 『삼국사기』에 온조대왕이 즉위하자마자 동명왕(추모대왕이 아니며,
아버지 우태의 조부인 북부여 대왕으로 보임)의 사당을 세웠다고 하였다. 그런데
대왕 13년에 어머니 소서노가 돌아갔을 때는 얼마 후 도성과 궁궐
을 세우고 2년 뒤 새로 궁전을 지었음에도 불구하고, 소서노의 사
당을 짓지 않고 있다가 4년 뒤에야 비로소 사당을 세우고 국모 소
서노를 제사했다고 기록했다. 이것은 온조가 어머니와의 충돌로 극
도로 나쁜 감정을 가졌다고 보지 않으면 상황을 이해하기 어렵다.
다시 말하면 대왕인 어머니를 죽이고 온조가 대왕이 되었기에 백성
들에게 소서노대왕의 흔적을 지워 자신의 입지를 세우기 위한 의도
적인 행위였다고 추정해볼 수 있다. 이렇게 보면 온조는 2대 대왕이
된 것인데 그렇기 때문에 김부식이 소서노를 배제하고 아예 처음부
터 온조가 백제를 세웠다고 조작하기에 덜 거북했을 것이다.

이런 추정을 뒷받침하는 기록이 『삼국사기』 안에 숨어 있다. 소
서노가 죽었다는 기사 바로 앞에 "서울의 한 노파가 남자로 변하였
고……"라고 되어 있다. 이것은 여자 대왕이 남자 대왕으로 바뀔
것이라는 강력한 암시가 틀림없다. 실제로 노파가 남자로 변할 수

없음은 말할 나위도 없으니, 온조가 대왕이 되어야 하는 징조로 백성들을 회유하기 위해 만들어낸 것이 아니겠는가?

또 소서노의 사후 온조대왕이 신하들에게 말한 것을 보더라도 당시의 상황을 짐작할 수 있다.

> "근래에 요망한 징조가 여러 번 나타나고 국모가 세상을 떠나는 등 정세가 자못 편안하지 못하니 장차 서울을 옮겨야 하겠다."

소서노가 61살에 죽었는데 온조대왕의 어머니인 태후로서 자연사든 병사든 늙어서 죽은 것이라면 별 문제가 아닐 텐데도, 온조대왕이 정세가 편안하지 못한 요인의 하나로 꼽아 천도할 뜻을 비쳤다. 그것은 소서노대왕의 영웅적 행적을 가능한 한 지우고 자기를 내세우기 위한 분위기 전환을 노린 것이었다고 본다면 지나친 해석일까?

백제사의 진실에 접근한다는 의미에서 끝으로 의자대왕에 대해서도 간단히 살펴보겠다. 의자대왕은 망국의 군주로서 그의 방탕한 행적에 대하여 『삼국사기』에 이렇게 기록했다.

> "왕은 궁인과 더불어 음란하고 탐락하며 술 마시고 놀기를 그치지 않으므로 좌평 성충이 간하니, 왕은 노하여 성충을 옥에 가두었다. 이로 인하여 감히 간하는 사람이 없어졌다."

대왕이 주색에 빠져 그치지 않았다고 했으나 딱 한 번 이렇게 기록한 이후 백제가 망하기까지 5년 동안 비슷한 내용이나 다른 어떠한 비행·학정 등을 하였다는 기록이 전혀 없다. 그런데도 대왕에 대한 이런 기록 때문에 백제의 도읍 사비성에 3,000궁녀가 있어 백제가 망했을 때 그녀들이 낙화암에서 떨어져 죽었다는 속설이 전해오고 있다. 그러나 3,000명이나 되는 궁녀가 있었을 리도 없으며, 나라가 망했다고 그녀들이 숫자가 얼마였든 생명을 버렸다고는 도저히 생각할 수 없는 일이다. 만에 하나라도 그것이 사실이었다면 백제를 끔찍이 싫어했던 김부식이 이런 사실을 과장하여 기록하지 않았을 이유가 없다.

그러므로 대왕이 일시적으로 방탕했을 수는 있어도 그 후로도 5년 동안 계속 그러했다고는 믿기 어렵다. 김부식이 백제가 망한 원인을 의자대왕의 잘못으로 돌리기 위해 과장한 것으로 보인다. 왜냐하면 그 5년 동안 백제의 멸망을 암시하는 듯한 해괴한 현상을 여우, 두꺼비, 물고기 등을 등장시켜 10가지나 열거하여 일일이 써놓았기 때문이다. 이런 여러 징조들 때문에 망할 운명이었다고 말하려는 것이지만, 오늘날의 과학적이고 합리적인 관점에서 본다면 몇 가지 풍설을 김부식이 과장하거나 조작하여 넣은 것이 분명하다. 이렇게 생각하는 이유는 그 전 15년간의 의자대왕의 영웅적 행적을 보면 납득이 된다.

대왕은 용맹스럽고 담이 크며 결단성이 있었다. 태자 시절 어버이를 효도로 섬기고 형제와 우애로 지내므로 사람들이 해동의 증자(曾子)라고 일컬을 정도였다. 대왕이 되어서는 곧바로 신라를 공략하기 시작하여 역대의 대왕들이 이루지 못한 혁혁한 전과를 올렸다. 즉 즉위 다음 해(서기 642) 윤충의 1만 군사로 대야성을 함락시키고 성주 품석과 부인까지 목을 잘라 서라벌에 보냈다. 품석은 김춘추의 사위로 그 부인은 김춘추의 딸 고타소였다. 대왕은 여세를 몰아 장수들을 여러 지역으로 보내 공략토록 하여 한 달 사이에 미후성 등 40여 성이 모조리 백제의 차지가 되었다. 이는 신라 전체 성의 4분의 1에 가까운 숫자로 신라로서는 국가 존망의 위기의식까지 느낄 정도였으므로 김춘추가 고구려로 달려가 구원병을 요청하기에 이르렀다.

이에 의자대왕은 다음 해(서기 643)에 고구려와의 기왕의 화친을 강화하고 신라가 당나라에 입조하는 길을 끊으려고 당항성을 공격하였으나, 신라에서 먼저 당에 구원을 청하므로 군사를 돌이켰다. 당시 당나라는 한나라가 망하고 중국이 분열한 뒤 거의 400년 만에 다시 통일된 중국으로 역사상 최전성기를 맞아 고구려와 동아시아의 패권을 겨루었다. 그러므로 신라는 물론 백제도 당과 화친 관계를 유지해왔다. 의자대왕의 아버지 무대왕은 당의 건국 이래 사신을 거르지 않았으며 대왕도 즉위하여 4년 동안 해마다 사신을 보냈다. 이런 사실을 알 수 있는 것은 『삼국사기』가 철저한 사대주의에 입각하여 삼국이 중국에 조공한 기사는 모조리 기록해놓았기 때문이다.

당나라는 신라와 백제에 등거리 외교를 펴왔는데, 계속되는 신라의 구원 요청에 태종이 의자대왕 4년(서기 644)에 사신을 백제와 고구려에 보내 신라와의 화친을 권유하니, 고구려에서는 듣지 않았으나 대왕은 글을 보내 사과하였다. 당나라가 이렇게 신라를 두둔한 속셈은 삼국이 치열하게 경쟁하는 틈을 이용하여 신라와 함께 나머지 두 나라를 삼키고, 또 그 후에는 신라까지 모두 차지하려는 것이었다. 이런 속셈은 끝까지 감출 필요도 없고 감출 수도 없으므로 결국 양국 정벌과 그 이후의 과정에서 그 야욕이 드러나게 된다.

한편 신라에서는 김유신 장군이 백제를 쳐서 7성을 탈환하였다. 다음 해에 의자대왕은 당 태종의 고구려 정벌에 신라도 참전한다 하므로 그 틈에 신라의 7성을 도로 빼앗으니 김유신이 다시 쳐 왔다. 2년 뒤 장군 의직이 신라의 3성을 치다가 김유신에게 패하였기에 이듬해 다시 공격하여 요거성 등 10여 성을 취하였는데 김유신의 역공을 당해 결국 패하였다. 이에 대왕은 이듬해에 좌장 은상을 보내 석토성 등 7성을 공취하였으나 김유신 등의 역공에 밀려 또 패하였다.

의자대왕 11년(서기 651)에는 당에 갔던 사신이 돌아와 당 고종의 국서를 전하였는데 그 내용은 신라에서 빼앗은 성들을 백제에 돌려주면 신라에 잡혀간 백제의 포로들도 돌려주게 하겠다는 것이었다. 그러나 자신의 권유를 무시하면 고구려가 백제를 돕지 못하도록 하고, 여의치 않으면 고구려를 대거 치겠다는 엄중한 경고도 덧붙였다. 이것은 경우에 따라 백제도 칠 수 있다는 위협성 문구로 해석된다. 이에 자극을 받은 대왕은 2년 후 왜국과의 수교를 새롭게 다진 뒤 다음 해(서기 655)에는 오히려 고구려와 말갈과 함께 신라를 쳐서 33개 성을 공취하는 기염을 토했다. 신라 무열대왕이 다급히 당에 구원병을 요청하자 당에서는 고구려를 공격해 신라의 급한 상황을 벗어나게 했다.

그런데 『삼국사기』를 보면 의자대왕의 가장 큰 전과에 대해, "친히 군사를 거느리고 신라를 침공하여 미후성 등 40여 성을 함락시켰다."거나 "왕이 고구려 및 말갈과 함께 신라의 30여 성을 공파하니……." 등으로 지극히 간략하게 기록한 반면, 김유신의 전과는 상세하게 경위를 기록하여 매우 대조적이다. 신라 위주의 역사 서술임이 단적으로 드러나는 대목이다.

위에 본 역사적 상황을 볼 때 만약 김유신의 맹활약이 없었다면, 또한 만약 당나라의 구원이 조금만 늦었다면, 아마도 의자대왕은 신라를 멸한 영웅이 되어 자신이 나라를 잃는 수치를 면하고 역사에 이름을 길이 남겼을지 모른다. 역사에 가정법은 아무 의미가 없다지만 이런 생각까지 하게 된다.

660년에 나당 연합군이 백제를 쳐 몇 번 싸움에 이기고 도성인 사비성으로 진격하니 의자대왕은 웅진성으로 피신했으나, 사비성이 항복한 것을 알고 5일 만에 사비성으로 다시 와 항복하고 말았다. 『삼국사기』에는 대왕의 항복에 대하여 이렇게 간략히 기록했으나, 사실은 대왕이 자의로 순순히 항복한 것이 아니라 장군 예식에게 붙잡혀 강제로 항복하게 된 것이다. 신채호는 『조선상고사』에서 이렇게 썼다.

"왕은 웅진성을 지키려고 하였으나 성을 지키는 대장이 임자의 일파였다. 그가 왕을 잡고 항복하려 하자 왕은 스스로 목을 베었지만 동맥이 끊어지지 않았다. 결국 왕은 태자 및 어

– 신채호, 『조선상고사』, 김종성 옮김, 위즈덤하우스, 2014, 501쪽

성을 지켜야 할 장군이 오히려 배반하여 대왕을 사로잡아 항복을 했다는 것이다. 장군의 이름을 밝히지는 않았지만 그가 무슨 자료에 근거하여 이런 사실을 알게 되었는지, 신채호의 넓은 학문과 깊은 통찰력에 경의를 표하지 않을 수 없다.

신·구 『당서』의 「소정방전」에도 "장군 예식이 의자왕과 함께 항복하였다." 하고 "장군 예식이 의자왕을 잡아가지고 항복하였다." 하여 대왕보다 예식을 앞세웠으니, 항복이 대왕의 뜻이 아니었음을 알 수 있다. 예식은 이러한 큰 공으로 당에 가서 대당좌위위대장군이 되었는데, 근래 뤄양(낙양)에서 그의 묘지명이 발견됨으로써 이런 사실이 확인되었다. 묘지명에 이름은 예식진으로 되어 있으나, 그가 백제 웅천(웅진) 사람이라 하고 생존연대가 일치하므로 예식과 동일인임은 분명하다.

고구려의 역사 또한 백제와 대동소이하게 좋은 면은 대부분 사라지고 나쁜 면은 실제보다 부각되었으니, 광개토대왕의 경우가 좋은 예다. 『삼국사기』에 보이는 대왕의 업적으로는 백제의 관미성을 비롯한 10여 성을 빼앗은 것과 패수에서 승리한 것, 거란을 한 번 공격한 것 외에 별다른 것이 없다. 중국 연나라와의 관계는 연이 침입한 사실 3회를 중국 문헌에 따라 어느 정도 그 내용을 기록했으나, 대왕이 연을 공격한 2회의 기사는 너무나 간략하여 어떤 전과를 올렸는지 짐작하기도 어렵다. 그 기록을 보면, "왕은 군사를 보

내 숙군성을 공격하니 연의 평주자사 모용귀는 성을 버리고 도망하였다."고 했으며, 다른 하나는 "왕은 군사를 내어 연을 공벌하였다."라고만 썼다.

오히려 이것이 전부라면 땅을 널리 개척했다는 뜻의 '광개토'라는 시호가 민망하다. 그런데 천만다행으로 청나라 말에 광개토대왕의 비석이 발견되어 대왕의 업적이 알려지게 되었다. 그런데 대왕의 아들 장수대왕이 건립한 이 비석의 존재를 『삼국사기』는 언급도 하지 않았다. 비문에 보이는 대외 정벌 관계 기사를 정리해보면 우선 즉위한 해(서기 392)에 북쪽으로 거란을 쳤으며, 4년에는 서쪽의 비려를 정벌하였다. 비려는 어디를 말하는지 알기 어려우나 신채호는 이렇게 기록했다.

"원정군을 이끌고 파부산과 부산을 지나 염수에 가서 600~700의 부락을 쳐부수고 소·말·양떼를 잡아 돌아왔다. 『수문비사』에 의하면 파부산은 음산산맥의 와룡이고, 부산은 지금의 감숙성 서북에 있는 아랍선산이라고 한다. 염수와 관련하여 『몽고지지』에 의하면 그곳에는 염분이 함유된 호수나 강이 많으며, 아랍선산 밑 길란태라는 염수에는 물가에 늘 소금 덩어리가 응집되어 있다고 한다. 이로써 대왕의 족적이 감숙성 서북까지 미쳤음을 알 수 있다. 이는 고구려 역사상 가장 먼 원정이었을 것이다."

− 위와 같음. 297쪽

신채호가 옛 문헌들에 근거하여 비려(신채호는 과려라고 함)의 위치를 밝혔으니, 결론은 둘째치고라도 광범위한 자료의 섭렵과 심오한 통찰에 저절로 머리가 숙여진다. 이후 대왕 5년(서기 396)에는 백제를 대대적으로 쳐서 무려 58개의 성과 700마을을 빼앗았다고 되어 있는데, 『삼국사기』는 위에 본 대로 10여 성이라고만 했으니 도대체 무엇을 근거로 했는지 의아할 뿐이다.

2년 뒤에는 숙신이 조공을 바치게 하고, 대왕 9년(400)과 13년에는 왜를 정벌하였으며, 19년(서기 410)에는 동부여의 64성과 1,400여 마을을 함락하였다. 아마 이때 동부여는 거의 나라가 망하는 지경에 이르렀을 것으로 보인다. 『삼국사기』에는 이런 일이 하나도 기록되지 않았으니, 신라 왕족의 후손인 김부식이 옛 고구려와 백제를 동족의 나라가 아니라 적국이라는 생각으로 역사를 서술한 것이 확실하다.

위에서 『삼국사기』의 문제점을 간략히 논하며 신채호가 숨겨진 진실을 밝히기 위해 많은 자료를 토대로 연구에 매진한 것을 보았다. 그런데 매국사학에서는 평소 신채호의 민족사학을 국수주의라고 강변하면서도 필요하면 또 끌어들여 자기들의 방패로 써먹으려 든다. 자기들이 『삼국사기』를 부정하는 것이 식민사관을 따르는 것이 아니라 신채호가 『삼국사기』를 비판한 것과 다르지 않다는 수작이다. 한사군이 반도에 있었다는 거짓 주장에 정약용을 끌어들이는 것과 똑같은 치졸하고 야비한 발상이다.

신채호가 『삼국사기』의 구체적인 내용에 대해 의혹을 제기하고 진실을 구하기 위해 문헌을 고증한 데 비해, 학계에서는 삼국의 초기 수백 년 기록을 통째로 거짓이라고 하는데, 논리적이지 못함은 물론이고 그 목적이 진실을 가리자는 것인데, 어찌 감히 거기서 신채호를 들먹이는가? 위에서 본 백제의 시조 문제를 전설시대로 간주하는 매국사학에서 동성대왕과 의자대왕 및 광개토대왕에 이르기까지 그동안 색다르게 밝혀놓은 것이 무엇이 있는가? 필자가 알기로는 북위와 싸운 동성대왕의 백제가 해외로 진출한 것이라는 학계 일각의 설은 있지만, 그 설에 백제의 누가 언제 어떻게 진출했다는 결론도 없이 『남제서』의 내용을 가지고 추정한 것이니 거짓이요 소설일 뿐이다.

제1부에서 매국사학의 '『삼국사기』 초기 기록 불신론'을 전체적으로 상세히 비판했지만, 여기서는 예시적으로 백제의 건국에 관한 이병도의 거짓 주장을 파헤치기로 하겠다.

> "비류는 바닷가인 미추홀을 근거지로 하여 유이(流移) 부락을 건설하고 온조는 한강 유역인 위례를 중심으로 하여 유이 부중(部衆)을 통솔하였던 것이며 또 그들의 남래(南來)의 경로가 금일의 황·평 양도(兩道)의 길을 취하였던 것은 저 비류 전설 중에 패·대 두 강을 건넜다는 이야기로써도 물론 알 수 있지만 그들의 근거지가 이와 같이 서해안 지대에 병재했던 사실로도 잠작된다(단 주의할 것은 여기 패·대 두 강은 낙랑의 그것이 아니라 백제의 그것을 이름이니, 백제시대의 패수는 금 예성강, 대수는 금 임진강이라고 생각된다)."

> — 이병도, 『한국고대사회사론고』, 한국학술정보, 2012. 111~112쪽

이병도의 매국사학은 거짓으로 시작해서 거짓으로 끝난다. 이병도는 비류·온조 형제가 고구려에서 남쪽으로 올 때 평안도와 황해도를 거쳐 서해안 지대에 근거지를 갖게 되었다고 했으나, 이는 있을 수 없는 일이다. 낙랑군을 흐르는 패수, 대수의 두 강이 보하이만으로 흐르는 강이라는 사실은 일단 접어두더라도, 낙랑군이 버젓이 있었다는 평안·황해도를 온조 일행이 무슨 수로 무사태평하게 건너왔다는 것인가?

낙랑군을 신줏단지 모시듯 하는 이병도가 낙랑군의 존재를 깜박하고 이런 해설을 할 리는 만무한데, 패수, 대수의 두 강을 지나왔다고 기록했으므로 하는 수 없이 평안도, 황해도를 지나온 것으로 말하고, 독자들이 그곳이 낙랑군 지역임을 기억하지 못하기를 속으로 빌었을 것이다. 문헌에 온조 일행이 낙랑군의 패수, 대수를 건넜다지만 우리 민족의 원수인 한나라가 차지하고 있는 낙랑군을 지날 수는 없다. 그러므로 이병도는 그들이 낙랑군을 지났다고 할수는 없어 생뚱맞게 황해도·평안도의 길로 남하했다고 1,000년 후인 고려시대에 생겨난 이름을 들먹였다. 그러나 이런 얄팍한 속임수를 동원한다고 온조 일행이 낙랑의 두 강을 건너온 일이 감춰질 것인가?

패수, 대수라는 두 강은 또 한 번 이병도의 발목을 잡는다. 옛날에 위만이 건너온 패수는 청천강, 낙랑의 대수는 서흥강이라고 이병도가 어렵사리 우겨왔는데, 온조대왕이 건넌 패수와 대수는 이와는 달리 예성강과 임진강이니 잘 구별하고 주의하라는 것이다. 왜 예성강이나 임진강이 되어야 하는지 근거도 없으므로 '그렇게 생각된다'고 하여 학자로서는 할 수 없는 처량한 넋두리를 늘어놓는다. 도대체 우리 민족은 강 이름도 제대로 구별하여 다르게 짓지 못하고 좁은 북한 땅의 몇 개 되지도 않는 강들에 패수와 대수라는 이름을 각각 둘씩이나 붙였다는 것인가? 이병도의 거짓말에 치가 떨린다.

이병도는 이와 같이 온조의 건국사화를 단군설화처럼 전설로 만들어 역사의 장에서 밀어낸다. 위의 인용문에 이어지는 글이다.

> "그러나 비류·온조 양 전설에 백제의 건국이 양인(兩人)의 남래 당초에 된 것처럼 말한 것은 신용하기 어렵다. 온조 전설에는 전한 성제 홍가 3년(B. C. 18)에 온조의 건국이 있었던 것과 같이 말했지만 이것은 후세 사가의 꾸민 것으로 보지 아니하면 안 된다. 백제뿐만 아니라 통히 『삼국사기』의 전하는 삼국의 건국연대라는 것은 곧이듣기 어려울 만치 후인의 조작의 붓이 가하였던 것이니, 삼국의 건국 사이에 거의 20년씩 차를 두어 신라의 건국을 한 선제 오봉 원년 갑자(B. C. 57), 고구려의 건국을 그 후 20년인 한 원제 건소 2년 갑신(B. C. 37), 백제의 건국을 역시 이에 20년 뒤인 상기 연대에 배열해 신라의 개국을 맨 수위에 둔 것으로 보면 이는 신라 사가의 손에 날조된 것이 분명하다. 즉 신라인은 자국의 기원을 오래되게 하기 위해 타 2국의 건국 연대까지 끌어올린 것이라고 해석한다."

— 위와 같음, 112쪽

비류와 온조가 남하한 당시 백제를 건국했다는 내용은 후세에 꾸민 것이어서 믿을 수 없다고 했다. 그러나 후세에 누가 왜 어떻게 꾸몄는지 근거가 없고 그저 자기가 그렇게 우기고 싶다는 것뿐이다. 또 신라의 건국이 제일 빠르고 그 후 20년마다 고구려와 백제가 건국된 것도 신라 사가의 조작이라고 우겼으나, 이 또한 누가 언제 왜 어떻게 조작한 것인지를 밝히는 근거라고는 찾아볼 수가 없다. 이것이 이병도 식의 실증 아닌 위증이니 소름끼치는 작태가 아닐 수 없다.

민족사학
죽이기

　매국사학은 태생적으로 이처럼 거짓에 기초한 비학문적인 체계이기 때문에 이를 유지하기 위해서는 자신들을 비판하거나 견해가 다른 학자들을 용납할 수가 없다. 그러므로 토론이나 학술 논문을 통하여 싸울 수가 없으며, 따라서 민족사학자들이 학계에 발을 붙이지 못하게 독점 체제를 구축하고 상대방 죽이기를 시도할 수밖에 없다. 대표적 민족사학자인 신채호가 일제에 의해 옥중에서 세상을 떠나고, 정인보가 한국전쟁 때 납북됨으로써 매국사학계는 더 없는 행운을 만났다. 그러나 그들이 남긴 역사 저술들이 오늘날까지 많은 영향을 끼치고 있으므로, 학계는 그들의 민족주의적 역사관이 감정적인 국수주의에서 나온 잘못된 이론인 것처럼 매도해왔다.

　이병도의 수제자 이기백은 신채호의 대륙사관을 비롯한 민족사관을 '낡은 역사관'으로 규정하고, 이렇게 말했다.

> "구체적으로 말한다면 압록강과 두만강 이남의 반도에 우리
> 의 국토가 국한되어 있더라도 강대국이 될 수가 있는 것이다.
> 또 반드시 군사적으로 강대국이 되는 것만이 민족이나 국가
> 의 이상일 수는 없다. 오히려 정치·경제·사회·문화의 여러
> 면에서 모든 민족 구성원이 균등한 권리와 행복을 누릴 수
> 있는 국가를 이룩하는 것이 군사적 강국이 되는 것보다 몇
> 배나 자랑스러운 일임이 틀림이 없다. 그리고 이러한 이상 국
> 가의 건설이 반도라는 지리적 조건에 의해서 제약을 받을 수
> 는 없는 일이다.
> 그러므로 식민주의사관의 극복은 역사관의 근본적인 변혁 자
> 체가 이루어져야만 가능하다는 이야기가 된다. 넓은 국토를
> 개척하고 군사적 강국이 되어야만 위대한 국가가 된다는 낡
> 은 역사관으로부터 벗어나야 한다."
>
> — 이기백, 『한국사 시민강좌』 1집, 1987, 19쪽

글의 앞부분에서 지적한 이기백의 말은 겉으로 볼 때 매우 타당
하다. 백범 김구 선생도 「나의 소원」이라는 글에서 우리가 추구할
이상적 국가의 모습으로 문화 선진국을 지향해야 할 것이라고 했
다. 한반도 안에 위치한 지금의 현실에서 나온 절실한 소원이지만,
이기백이 식민주의 역사관의 탈을 쓰고 있으면서도 민족을 위하는
것처럼 위선을 행하는 것과는 차원이 전혀 다르다.

신채호 이후 민족사학에서는 1차적 문헌사료를 가지고 역사적 진실을 밝히다 보니 우리 고대사의 영역이 광대한 대륙으로 나타나는 것을 알게 되었다. 하지만 앞에서 보았듯이 이병도 이후의 학계는 사료의 근거를 대지 못하고 나아가 1차적 사료들을 거짓으로 해석하여 반도사관에 짜 맞추었다. 그러면서도 이기백이 우리 고대사의 '넓은 국토와 군사적 강국'이었던 역사적 진실을 외면하고 이를 '낡은 역사관' 운운하니, 적반하장이란 말은 꼭 이런 경우에 해당한다.

백 보 양보하여 이기백의 말을 따른다 치더라도 자기들 또한 '낡은 역사관'을 벗어났다는 이야기는 전혀 성립할 수가 없지 않은가? 신채호의 역사관이 낡은 것이라면, 같은 시대의 일제 식민사관과 내용이 같은 이병도의 사관은 무슨 이유로 낡은 것이 아닌가? 이기백 자신은 식민사관과 다른 어떤 신선한 역사관을 제시한 적이 있는가? 억지로 남을 공격하려다보니 학문이고 생각이고 간에 논리라고는 찾아볼 수가 없다. 신채호를 학계에서 자기들끼리 세 글자로 말하면 '또라이', 네 글자로는 '정신병자'라고 한다는데, 매국적 사학자들은 국민들이 얼마나 현명한지 깨닫지 못한다면 곧 준엄한 심판을 받게 될 것임을 명심해야 할 것이다.

이기백은 이와 같이 자신의 학문이 진정한 실증주의에 입각한 것임을 증명하는 대신 신채호의 민족주의 역사관이 잘못이라는 식으로 몰아붙였는데, 『민족과 역사』에서 이렇게 썼다.

"그들(민족주의 사학자 : 필자)의 민족 관념이 지나치게 고유성을 강조하고 있다는 데 문제가 있다. 특히 신채호의 경우가 심해서

거의 민족을 세계로부터 고립시키고 있다. 신채호가 역사를
우리 민족과 다른 민족의 투쟁사로 본 것을 혹은 세계사적인
넓은 입장에 서 있는 것으로 생각한다면 이것은 잘못일 것이
다. 같은 민족주의사관의 소유자였지만 랑케는 『강국론』에서
민족과 민족과의 조화를 이루는 면을 생각했지만, 신채호에
서는 이러한 면을 찾을 수가 없다. 그에게는 오직 민족과 민
족과의 투쟁만 있을 뿐이었다. 더구나 민족과 민족 사이에 개
재하는 같은 인류로서의 공통성에 대해서 생각이 미치지 못
하였다. 그러므로 세계성을 띤 사상이나 종교에 대한 인식이
있을 수 없었다. 급박한 민족적 위기에 처한 시대에 생을 누
린 그에게 이러한 너그러운 태도를 요구하는 것이 오히려 무
리일는지 모른다."

- 이기백, 『민족과 역사』, 일조각, 1989, 20~21쪽

이기백은 신채호에게 랑케가 말한 "민족과 민족과의 조화"는 안
중에 없고 민족 간의 투쟁만 부각시킨다고 비판했다. 그러나 서양
사학자 임종권(숭실대 겸임교수)은 이기백을 이렇게 비판한다.

"이기백의 민족주의 역사학에 대한 비판은 이처럼 보편적인
세계사 개념에 기초를 두고 있다. 말하자면 역사는 인류공동
체를 위해 민족들의 조화를 지향해야 하며 민족의 특수한 역
사보다 보편적인 세계사의 개념이 더 중요하다는 것이다. 그
러나 랑케는 역사적으로 볼 때 강국과 약소국 관계에서의 세

계사는 지배와 피지배만 있을 뿐이기 때문에 각 민족들이 힘을 길러서 서로 힘의 균형이 이뤄질 때 민족들 간의 조화로운 보편적인 세계가 이뤄진다고 말했다."

– 임종권, 「랑케의 실증주의와 한국 사학계의 실증주의」,
『한국 바른역사학술원 개원식 및 학술대회』, 2017, 33쪽

임종권의 지적을 보면, 이기백이 랑케의 '조화로운 세계'만 들먹이고 그 전제로 강조했던 '힘의 균형' 문제는 모른 척한 것임을 알 수 있다. 이기백은 매국사학을 하던 방식 그대로 랑케의 말 역시 '실증'이 아닌 '거짓'의 방법으로 끌어온 것이다. 임종권은 이어 이렇게 말한다.

"민족과 민족의 조화를 이루기 위해서는 민족정신에 기초하여 강국으로 발전해야 한다. 조화는 민족과 민족 사이의 지배와 피지배에 대항할 때 생겨나는 법이다. 다른 민족을 지배하려 한 강국에 대항하지 않고 가만히 있으면 결국 지배를 당하게 된다. 이처럼 민족의 역사와 세계사는 지배와 균형으로 이루어져 있다."

– 위와 같음. 34~35쪽

이 말은 랑케의 주장과 맥을 같이하는 것인데, 그는 신채호와 박은식 등 민족사학자의 주장도 랑케의 『강국론』의 주장과 상통한다고 했다. 먼저 신채호는 이렇게 말했다.

"다른 민족을 정복하여 우리 민족을 드러내면 투쟁의 승리자가 되어 미래 역사의 생명을 잇고, 이를 없애 다른 민족에게 바치는 자는 투쟁의 패망자가 되어 과거의 역사의 묵은 흔적만 남긴다. 이는 고금 역사에 불변하는 원칙이다."

— 신채호, 『조선상고사』, 동서문화사, 2014, 14쪽

박은식은 이렇게 말했다.

"지구상 여러 나라를 둘러보니 어떤 나라는 패자(覇者)가 되고, 어떤 나라는 노예가 되며, 어떤 나라는 흥하고, 어떤 나라는 망하지 않았는가? 그 백성의 무력이 강하고 용감하여 사는 것을 가벼이 여기게 되면 패자가 되고 흥하게 되며, 그 백성이 문약하고 겁을 먹고 죽음을 두려워하면 노예가 되고 망하게 된다."

— 박은식, 『한국통사』, 동서문화사, 2014, 529쪽

랑케와 같은 민족사관을 가진 신채호, 박은식을 오히려 랑케의 이름을 빌려 국수주의자로 매도하려는 이기백의 비열함에 치가 떨린다. 일제 강점기에 이기백의 스승 이병도는 '조화로운 민족'을 위해 식민사학을 추종했는가 자신의 개인적인 영달을 위해 식민사학을 추종했는가 묻지 않을 수 없다.

신채호의 민족사학을 시대적으로 일제에 저항하는 국수주의로 줄곧 몰아세우던 학계에서, 이제는 심지어 학계가 민족주의적이었

다는 뻔뻔한 주장까지 서슴지 않은 상황이 되었다. 적반하장도 정도가 있어야 한다. 권순홍은 「민족주의 역사학의 표상, 신채호 다시 생각하기」라는 글에서 이렇게 썼다.

> "…… 오히려 해방 이후 한국 고대사 학계의 연구 성과들이야말로 민족주의적이라는 평가는 그들(재야 민족사학자들을 말함 : 필자)의 이분법적 도식과 신채호 전유의 오류를 짐작케 한다. '강단' 역사학계는 4·19를 계기로 한 민족주의의 고양이라는 시대적 분위기 속에서 1960년대와 1970년대의 대부분을 민족사의 부활 작업에 바쳤고, 식민주의 역사 서술의 영향을 배제하기 위해 모두 민족주의자가 될 수밖에 없었다."
>
> – 젊은역사학자모임, 『한국 고대사와 사이비 역사학』, 259쪽

고대사학계의 연구 성과들이야말로 민족주의적이라는 '평가'나 위 인용문의 나머지 부분은 같은 학계의 박찬승과 해외의 배형일 및 앙드레 슈미드의 글을 근거로 제시했다. 그러나 학계조차 다양한 설이 없이 한결같이 정설에 의존하는 상황에서, 소수 해외 연구자들이 무엇을 근거로 우리 고대사를 제대로 연구하겠는가?

또 신채호의 사료 해석이나 결론과는 동떨어진 학계가 언제 '민족사의 부활 작업'에 바쳤으며, 무엇이 달라져서 '식민주의 역사 서술의 영향을 배제'하는 민족주의자가 되었다는 헛소리인가? 지하에 계신 신채호 선생이 벌떡 일어나 꾸짖을 수 없음이 참으로 안타깝다. 권순홍의 헛된 말장난은 극을 달린다.

> "결론적으로 그들이 식민주의 역사학이라고 비난하고 있는
> '강단' 역사학계야말로 신채호가 정립한 민족주의 역사학을
> 오늘날까지 이어온 셈이다."
>
> – 위와 같음, 261쪽

　참으로 뻔뻔하고 비양심적인 말이 아닐 수 없다. 신채호를 정신병자라고까지 극언하는 학계가 신채호의 역사학을 오늘날까지 이어왔다니 참으로 비열한 발상이 아닐 수 없다. 권순홍이란 풋내기 박사가 학계를 방어하기 위해 너무 다급한 심정에서 신채호를 끌어들였다지만, 그의 정신 상태를 정상적으로 볼 수 있을까?

진실을 말한 자,
투명인간이 되었다

강단에서 외롭게 식민사학을 비판하고 싸운 학자로 고(故) 최재석과 윤내현을 제1부에서 언급했다. 그들은 신채호처럼 학계로부터 '투명인간' 취급을 당했다. 먼저 최재석에 대해 알아보면 2016년에 90의 연세로 고인이 되었지만 2011년에 『역경의 행운』이란 자서전을 냈다. 책의 제목이 예사롭지 않은데, 이는 식민사학과 싸우는 과정에서 학계로부터 숱한 어려움을 겪었지만 그것을 계기로 더욱 분발하여 학문에 매진할 수 있었기에, 오히려 자랑스러운 행운으로 받아들인다는 의미인 것이다.

그는 사회학을 전공한 학자였으나 불행하게도(?) 한·일 두 나라의 고대 사회를 연구하다가 우리 고대사가 전적으로 잘못된 것을 알고, 고대 한·일 관계 연구에 본격적으로 몰두하여 많은 주옥같은 논문들을 남겼다. 그는 평생 300편이 넘는 논문을 썼는데 아마도 대한민국이 선 이래 가장 많은 연구를 한 훌륭한 학자일 것이다. 이런 그였지만 학술원의 회원도 되지 못했으니 이는 이병도가 장기간 학술원장을 지낸 것과 무관하지 않다. 그러나 우리 고대사의 진실을 밝히는 데 일조한 그에게 돌아온 것은 영광과 상훈 대신에 학계의 압박뿐이었으니, 학계의 '조폭' 집단과 같은 횡포를 가히 알 수 있다. 그의 말을 들어보자.

> "나는 나의 체험을 통하여 한국의 학회와 연구소가 올바른 기능을 발휘하고 있는지 이야기해보려고 한다. …… 나는 논문을 제출한 바 있으나, 앞에 적은 4학회로부터 6회, 그리고 2연구소로부터 2회에 걸쳐 도합 8회나 논문 접수를 거절당한 일이 있다. …… 당시 역사 관계 학회와 사학자들은 거의 모두 『삼국사기』가 조작되었다고 믿고 있었다."
>
> — 최재석, 『역경의 행운』, 만권당, 2015, 259쪽

최재석은 『삼국사기』가 조작되었다는 일본 식민사학의 견해를 그대로 따르는 국내의 대표적 학자들을 일일이 거명하면서 비판한 양심적 학자였다. 우리 학계가 진정한 학문을 하는 풍토였다면 비판을 받아들이고, 자신들도 최재석에 대해 반론으로 비판하면 된다. 그러나 그렇게 하면 자신들의 매국사학이 바로 드러나므로 어쩔 수 없이 상대방을 죽이는 수법을 조직적으로 쓰게 된다. 이는 마치 마피아와 같은 폭력 조직의 행태와 다르지 않으니, 모든 학회나 연구

소들이 자기들을 위협하는 비판자를 용납하지 않는 것이다. 현직 교수도 상황이 이러했는데, 필자를 포함한 재야의 민족사학자들이 학회지에 논문을 어찌 실을 수 있겠는가?

최재석은 고려대 교수였는데 같은 고려대의 후배 교수인 김현구에게 온갖 수모를 당했다. 한국에서 선·후배 간의 관계는 서양 사회와는 달리 아직 유교적 전통이 매우 강한데, 그럼에도 김현구가 선배 교수를 적대시한 사실 한 가지만 보더라도 그가 학자라기보다는 조직원의 일원으로 행동한 것을 충분히 알 수 있다. 두 사람의 관계에 대해 최재석은 이렇게 말했다.

> "나는 또 고려대 교내 잡지에 고대 한일관계사에 관한 논문을 투고하였으나 그 논문의 게재 여부를 심사하는 역사교육과 김현구 교수로부터 자신의 견해와 다르다는 이유로 역시 거부당하였다. 20여 년간 고대 한일관계를 연구한 사람보다 일본에 가서 수년간 공부하고 겨우 학위논문 한 편을 쓴 사람을 더 우대하는 사회가 한국 사회임을 새삼스레 실감하였다. 나의 논문을 심사한 김현구 씨는 고대 한일관계사를 일본사의 일부로 간주하여 쓴 논문으로 학위를 받은 사람인데 책자화한 그 논문의 구체적인 내용은 별도의 글에서 내가 비판한 바 있다."
>
> – 위와 같음, 261쪽

최재석이 김현구의 논문을 비판하고 그를 "고대 한일관계사를 일본사의 일부로 간주"하는 사람이라고 한 것은, 제1부에서 논한 대로 김현구는 백제를 일본의 완전한 속국으로 보는 사람으로, 그에 대한 과장되지 않은 정확한 평가다. 이병도가 1920년대에 와세다대학을 나왔는데, 1980년대에 와세다대학에서 박사 학위를 받은 김현구가 이병도를 능가할 만한 매국사학의 선봉에 서 있으니, 이는 와세다의 뿌리 깊은 식민사학의 전통이 여전함을 알게 한다. 이런 배경에서 김현구가 대선배 교수인 최재석의 논문 게재를 거부한 것이니 이 나라의 고대사 학계가 조폭과 무엇이 다른가?

이어서 윤내현의 경우를 보자. 그는 고조선의 역사를 학문적·체계적으로 최초로 정리한 훌륭한 학자로 평가될 수 있을 것이다. 그도 원래 중국 고대사를 전공한 학자였지만 중국 고대사가 우리 고대사와 밀접하게 얽혀 있는데, 우리 고대사가 너무나 잘못되어 있는 것을 알고 고조선 연구에 매진했다. 윤내현도 최재석과 같은 1980년대 중반 이후에 매국사학에 반기를 드는 저술들을 출판하자 학계에서는 역시 이론적으로 대응하지 않고 상대방 죽이기에 나섰다.

당시 『한국사 시민강좌』라는 이름으로 이기백이 주축이 되어 연 2회 발간하던 것이 지금까지 이어왔는데, 1988년의 2집에서 '고조선의 제 문제'라는 특집을 기획하고, 이기백의 「고조선의 국가형성」, 서영수의 「고조선의 위치와 강역」, 이기동의 「북한에서의 고조선 연구」를 실었다. 그때까지 학계에서는 고조선의 강역이 평안도 일대의 소국이라고 해왔는데, 고조선의 주된 강역이 만주 일대였다는 윤내현의 저작들이 상당한 반향을 일으키자 이에 대응하기 위해 그 글들을 실은 것이었다.

이 중 앞의 두 글은 논리적으로 대응하는 형식을 취했으나 마지막 글은 윤내현에 대한 인신공격이었다. 서영수의 글은 윤내현의 고조선 만주설에 대응하여 급조한 것으로, 고조선이 당초에는 요동에 있었다는 설을 처음으로 내세웠지만 결국은 북한으로 후퇴했다는 엉터리 주장이었다.

즉 위만이 고조선으로 망명한 뒤 정권을 잡아 진번국을 복속시켰는데 이때 진번이 '요동으로부터 『한서』에 보이는 황해도로 이동'했다는 것이며, 이때 조선도 평안도로 이동했다는 것이다. 서영수의 글은 단 하나도 맞는 것이 없는 거짓으로 일관하고 있지만, 여기서 한 가지만 지적하겠다. 그가 "『한서』에 보이는 황해도"라 한 것은 3류 코미디로 생각하고 웃어야 할 지, 아니면 분노에 치를 떨어야 할 지 헷갈릴 정도다. 1,800년여 전 사료인 『한서』에 오늘날 지명인 황해도라는 말을 썼을 리가 없는데도 왜 황해도인지 아무런 설명도 없이 기정사실로 만들어버리니, 국민들을 유치원생이나 초등학생쯤으로 보는 비열한 작태가 틀림없다.

더욱 심각한 것은 이기동의 글인데, 이 글의 목적은 단 하나, '윤내현 죽이기'였다. 그 내용은 다음과 같다.

"최근 우리 학계의 한 쪽에서도 (북한의 : 필자 추가) 리지린의 견해와 거의 다를 바 없는 주장이 윤내현 교수에 의해 제기되고 있기는 하다. 윤 교수가 다루고 있는 중국 쪽의 자료라든가 또한 자료에 대한 비판의 방식이랄까 전반적으로 풍겨지는 논조랄까가 리지린의 그것과 너무도 비슷하여 공교로운 느낌이 드는 것을 떨쳐버릴 수 없는 실정이다."

- 이기동, 『한국사 시민강좌』 2집, 1988, 99쪽

윤내현의 연구가 북한의 리지린과 너무 비슷하다는 것인데 그 두 학자의 어느 부분이 어떻게 문제인지 전혀 언급이나 비판도 없이, "전반적으로 풍겨지는 논조랄까" 등등 논리와는 거리가 먼 말로 무조건 친북이나 용공으로 몰아가니 이것이 과연 시민의 교양을 위한 강좌에 실을 만한 수준이 되는 글인가? 당시는 국가보안법의 서슬이 퍼렇던 군사독재 시절로, 친북이나 용공분자로 몰리면 목숨까지 위태로울 만큼 어려운 때였으니, 바로 그 점을 노린 것이다. 자기들의 친일·매국사관을 유지하기 위해 비판자의 목숨 따위는 안중에도 없는 패륜적 행태인 것이다. 결국 그들의 의도대로 윤내현은 국가정보기관의 조사를 받는 곤욕을 치렀다.

한편 이형구는 1995년에 「리지린과 윤내현의 '고조선 연구' 비교」를 통해, 윤내현의 연구가 북한 리지린의 연구를 표절했다고 공격했다. 중국의 고대 1차 사료를 합리적으로 해석하면 신채호=정인보=리지린=윤내현이 같은 주장을 하게 된다는 너무나 당연한 사실은 외면한 채, 반공 이데올로기에 편승해 북한 학자의 연구를 표절했다고 이념 공세로 몰아간 것이다. 강단의 학자라는 사람들은 국가에 대해서는 큰 해독이 되며, 그들을 비판하는 사람에게는 큰 위협이 되는 존재인데, 과연 그들의 세상은 앞으로 얼마나 더 지속될 수 있을까? 필자는 이들 역사학자라는 사람들의 앞날을 역사가 주는 교훈에서 알 수 있을 것이라고 굳게 믿는다.

'무서운 아이들'은
왜 이덕일을 쏘았나

    학계에서 유령 취급을 당하며 매국사학과 외롭게 싸웠던 위 두 학자 중 한 분은 돌아가시고, 한 분은 현재 고령에 중병으로 집필은 물론 정상적 활동이 매우 어려운 상태다. 그러나 2000년대에 와서 꾸준히 대중적 기반을 확대해나가며 매국사학자들과 치열하게 전면전을 벌이고 있는 학자로 이덕일이 있다. 그는 국사를 전공하고 박사 학위를 받은 이로 매국사학계에 몸담지 않고 홀로 한가람역사문화연구소를 설립하고 20년 동안 운영해왔으며, 50권이 넘는 저술로 대중적 명성을 얻었다.

    근래에 그를 중심으로 민족사학계와 민족단체들이 뭉치는 시너지 효과가 상당한 속도로 파급·확대되므로, 학계는 그 어느 때보다 위기의식 속에서 「역사비평」을 통해 연속 기획으로 민족사학을

'사이비'로 매도하고 있다. 「역사비평」에서 지난 해에 10편의 글로 이러한 공세를 펴고 있는데 그 표적은 이덕일에게 집중되고 있다. 그만큼 그의 영향력이 크고 빠른 속도로 확산되므로, 매국사학자들의 사활이 걸린 심각한 지경에 온 것으로 보인다.

이덕일은 국사 전반에 걸쳐 자신의 새로운 시각으로 역사적 사실들을 재조명하는 왕성한 저술 활동을 폈으며, 이를 토대로 각종 기관·단체 등에 셀 수도 없을 만큼 많은 초청 강연을 함으로써 입지를 크게 넓혔다. 특히 2000년대 후반부터는 고대사의 진실을 파헤치고 식민사관을 타파하기 위한 저술과 함께 대중에게 알리는 다양한 활동에 매진해왔다. 그러한 노력에 힘입어 가시적인 성과가 나타난 대표적인 예가 뒤에서 설명할 동북아역사재단의 동북아역사지도 편찬사업이 국회에서 제동이 걸린 사건이었다. 이에 관해서는 뒤에 곧 상세하게 알아볼 것이다.

두 번째로는 2015년에 김현구가 이덕일을 상대로 명예훼손의 소송을 제기한 사건이다. 1심에서 이덕일에게 명예훼손으로 징역 6개월의 유죄가 선고되었으나, 2심에서 무죄가 선고되었으며 2017년 5월 3심에서 최종적으로 무죄가 확정되었다. 이러한 법원의 판결은 매국사학을 자행해온 김현구에게 매국사학자라고 학문적으로 비판한 것이 명예훼손이 아니라 정당한 비판임을 명쾌하게 보여준 첫 사례가 된 것이다.

이와 같이 입법부와 사법부에서 매국사학의 문제가 먼저 제기되었으나, 막상 집행부인 행정부의 교육부는 여전히 이런 국가적인 핵심 사안에 대해 뒷짐만 지고 아무런 조치가 없다. 교육부 장관은 과거 70년 동안의 직무유기를 깊이 반성하고, 국사의 편찬과 각급 학교에서의 국사교육이 올바로 될 수 있도록 조속한 시일 내에 매국사학에 대한 과감한 결단을 내려야 할 것이다. 앞으로도 직무유기가 계속된다면 크나큰 국민적 저항에 부딪칠 것이며, 국회의 국정감사나 법원의 행정 소송과 같은 절차를 자초하게 될 것이다.

학계에서는 상황이 이와 같이 자신들에게 불리하게 전개되고 있으므로 작년부터 「역사비평」을 통해 풋내기 박사들을 내세워 집중적으로 '이덕일 죽이기'라는 반격을 시도하고 있으며, 몇 달 동안 시민 강좌를 매주 열었다. 그러나 그들의 주장이 100년 전부터 있어 온 악랄한 일제 식민사학을 고스란히 맹종하고 있음을 이제는 많은 국민들이 알고 있다. 많은 국민들이 뜻을 합하여 부적절한 대통령을 탄핵한 이 나라에서, 국민의 수준을 우습게 보고 거짓으로 점철된 역사로 자신들의 사익만 계속 챙기려 한다면 최악의 결과를 각오해야 할 것이다.

거꾸로 간
한일역사공동연구위원회

　고대사 학계가 모두 일본 식민사학의 꼭두각시 역할을 충실히 해오다보니 한일역사공동연구위원회(2002~2005)에서 내놓은 결과물은 식민사학·매국사학 일색이 되어버렸다. 이 위원회는 일본의 역사 교과서가 문제가 되므로 한·일 정상의 합의로 발족하여 활동한 것이었다. 3년 동안 일본을 뻔질나게 오가며 나랏돈을 펑펑 써대면서 연구했다는 것이 분노를 참을 수 없는 매국 행위였다.

　이 위원회의 보고서는 삼국의 건국에 대하여 앞에서 지적한 시기보다 더욱 늦추어 발표했다. 먼저 고구려의 경우 3세기 후반 서천왕 때에 이르러서야 "초기 고대국가를 벗어나 왕과 중앙 귀족에 의한 중앙집권적 통치 체제를 완비하였다."고 썼다. 이 내용은 그야말로 충격 그 자체이다. 이들의 논리는 고구려는 시조 추모대왕은 물론 6대 태조대왕도 아니고, 13대 서천왕(재위 270~292) 때 건국되었다는 것이다. 이는 종래 이병도가 세운 정설이었던 태조대왕 때보다 150년 이상 후퇴시켰다. 나아가 고대국가 체제를 완성한 것은 17대 소수림왕(재위 371~384) 때라고 우긴다.

그런데 이 보고서는 한·일 양국의 학자가 공동으로 집필한 것이 아니라, 김태식(홍익대 교수)이 쓴 것이다. 그러나 물론 자신의 개인적 견해를 쓴 것은 아니며, 노태돈, 여호규, 임기환 등의 주장을 짜깁기하여 매국사학의 주장을 펼친 것이다. 고구려는 졸지에 4세기 후반에야 국가 체제를 완성한 나라로 전락하고 말았다. 매국사학자들은 그동안 15대 미천왕 때인 313년에 막강한 낙랑군을 무너뜨렸다고 주장해왔다. 그들의 주장에 따르면 막강한 한나라 군현을 무너뜨렸을 때도 고구려는 국가 체계를 완성하기 훨씬 전이라는 것이 된다.

노태돈과 여호규 등은 삼국의 왕권이 미약해서 고대국가를 형성하지 못하고 부(部) 체제로 유지되었다는 황당한 주장을 내놓았는데, 그렇다면 고구려의 낙랑군 축출은 어느 부에서 했는가? 또 그때 고구려가 부 체제였다면 후에 수·당나라의 수백만 군대와 싸워 이길 때인들 고대국가 체제를 완성했겠는가? 왕명에서 벗어난 어느 부가 나가 싸워 이겼을 테지!

백제의 건국에 대해 『한·일역사공동연구보고서』는 뭐라고 썼는지 살펴보자.

> "『삼국사기』에 의하면 〈고이왕 27년〉조에 6좌평 및 16관등제 등의 중앙집권적 관료제를 완비했다고 나오나, 이는 후세 백

제인들의 고이왕 중시 관념에 의하여 조작된 것이다. 이 시기 백제의 발전 정도는 좀 더 낮추어 보아야 할 것이다."

– 한일역사공동위원회, 『한일역사공동연구보고서』, 59쪽

매국사학의 원흉 이병도가 백제는 고이왕 때 건국되었다고 한 주장마저 부정한 것이다. 고이왕 때 관료제를 완비했다는 『삼국사기』 기록은 후대의 고이왕 중시 관념 때문에 조작된 것이라 했다. 그러나 6좌평과 16관등에 대해 상세히 기록한 내용을 조작한 것이라 말하려면 막연한 고이왕 중시 관념이 아니라 다른 문헌적 근거를 대야 한다. 그래야 설득력을 갖는다.

김태식이 이를 부인한 근거는 노태돈이 "고이왕 때 좌평 제도를 정비했다는 『삼국사기』 「백제본기」를 믿을 수 없다."고 쓴 것을 그대로 따른 것으로 추정된다. 왜 믿을 수 없는지 논리가 명확해야 하는데 매국사관에는 대부분 논리나 근거가 없고 자의적 결론만 난무한다. 그리고 매국사학자들은 살아 있는 사람의 논리를 따른다. 즉, 죽은 이병도보다 살아 있는 노태돈이 더 높다.

한 가지 더 지적하자면 위 보고서에서는 고이왕 때 "한나라 군현의 간섭과 마한 소국연맹체의 테두리를 벗어났다."고 한다. 이는 참으로 어처구니없는 거짓에 불과하다. 『삼국사기』에는 고이왕 때까지 한나라의 간섭을 받은 내용이 전혀 기록되지 않았으며 오히려 고이왕은 낙랑군을 습격하기까지 했다. 또 왕은 신라를 여러 차례 공격하였는데, 마한 연맹체의 테두리를 막 벗어난 상황이라면 어떻게 이런 무모한 전투를 할 수 있었다는 말인가?

다음으로 위 보고서는 신라의 건국에 대해서도 17대 내물왕 때가 아니라 19대 눌지왕 때로 늦추었다. 즉 5세기 전반에야 "6부를 왕권에 종속적으로 연합하여 초기 고대국가를 형성하였다."고 썼다. 그러나 『삼국사기』에는 눌지왕 때 6부에 관한 기록 자체가 보이지도 않는다. 결국 신라의 건국을 눌지왕 때로 실제보다 500년이나 늦춘 것은 식민사학의 교주 쓰다 소키치의 설로 돌아간 것이다. 이런 황당한 보고서가 국민 세금으로 쓰였다. 한 나라의 역사학자라는 사람들이 피같은 국민 세금으로 비행기 타고 일본 왔다 갔다 하면서 일본인들의 하수인 노릇을 한 것이다.

동북공정은
현재진행형이다!

　필자는 이 책에서 일제의 식민사관을 맹종하는 학계를 비판하고 있으나, 사실 식민사관의 근원은 뿌리 깊은 중국의 중화사관에 의한 역사 왜곡이다. 수천 년을 이어온 중화사관의 나쁜 전통은 공산정권인 지금 중국에서 동북공정(東北工程)이라는 야릇한 이름으로 계속되고 있다. 동북공정이란 말은 중국의 동북 3성인 랴오닝(요령遼寧)성 · 지린(길림吉林)성 · 헤이룽장(흑룡강黑龍江)성 등 만주 전역에서 있었던 과거의 역사를 중국의 역사로 개조하려는 것이다(《지도6》 참조). 다시 말하면 배달국 · 고조선에서 부여, 고구려, 발해로 이어진 만주에서의 우리 민족의 고대사를 자기들의 역사였던 것으로 굳히기 위한 계략인 것이다.

　동북공정은 2002년부터 5년간 많은 예산과 엄청난 인원이 동원

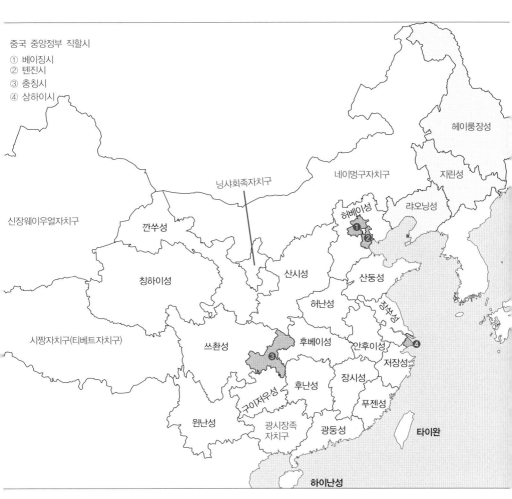

중국 중앙정부 직할시

① 베이징시
② 텐진시
③ 충칭시
④ 상하이시

헤이룽장성

네이멍구자치구

지린성

라오닝성

닝샤회족자치구

신장웨이우얼자치구

깐쑤성

하베이성

산시성

산둥성

칭하이성

허난성

시짱자치구(티베트자치구)

쓰촨성

후베이성

안후이성

저장성

구이저우성

후난성

장시성

푸젠성

윈난성

광시장족
자치구

광둥성

타이완

하이난성

지도6 중국 정부는 동북 지역 3성인 랴오닝성, 지린성, 헤이룽장성 등 만주 전역에서 있었던 역
사를 중국의 역사로 개조하고 있다. 그러나 그곳은 수천 년 동안 고조선, 부여, 고구려, 발해 등
우리 민족의 역사가 이루어졌던 곳이다.

되어 일단 마무리되었지만 이를 바탕으로 한 공세적 연구나 홍보 활동은 현재진행형으로 계속되고 있다. 동북공정을 시작한 배경은 랴오시(遼西) 지역에서 중국의 황허문명보다 앞선 홍산(紅山)문명의 유적이 대량 발굴되었기 때문이다. 홍산문명은 랴오허(요하遼河)문명이라고도 하는데 랴오시 지역에서 서기전 3,500년대의 거대한 적석총(積石塚)과 여신상 등 유적·유물이 발굴되자 중국 정부에서 황허문명의 시조로 되어 있던 황제(黃帝)를 다시 랴오허문명과 연결시켜 중국 최초의 문명으로 만들려는 것이다. 그러나 적석총 등 거석(巨石)문화는 황허 유역에는 없고 만주와 한반도에 광범위하게 분포된 고조선족의 문화유적이다.

고구려나 발해가 중국의 역사라는 주장은 그 나라들이 중국의 지방정권으로서 조공을 바쳤다는 것이 핵심이지만, 그것은 외교의 형식에 불과하며 중국과는 다른 언어·문화 그리고 독자적 정치·행정 체제를 갖추었던 사실은 공인된 것이다. 조공을 바쳤다는 면에서 본다면 중국의 동북 지역만이 아니라 사방의 모든 나라들이 중국의 지방정권이었다는 매우 불합리한 결과가 되고 만다. 어쨌거나 고구려를 자기들 역사라고 하는 이면에는 고구려의 강역이었던 지금 북한에도 연고권을 주장하려는 침략적 중화사관이 도사리고 있음을 알아야 한다.

이와 같은 중국의 역사 침략과 일본과의 과거사 문제에 대응하기 위해 설립한 기관이 동북아역사재단이다. 그러나 이 재단은 처음부터 우리 역사를 올바로 지킬 수 없는 조직으로 오히려 국민들의 세금으로 중국과 일본의 침략사관을 따르고 옹호하는 매국적 기관이 되고 말았다. 그 이유도 명백하다. 재단의 조직원인 연구원들이나 재단에 영향을 미치는 학계가 모두 우리 역사를 팔아서 먹고 사는 사람들이니, 고양이에게 생선 가게를 맡긴 것이다. 동북아역사재단의 매국적 행태를 처음 공개적으로 비판한 사람은 이덕일인데, 그는 『한국사, 그들이 숨긴 진실』(2009)에서 이렇게 썼다.

> "고조선에 관한 동북아역사재단의 공식 견해는 조선총독부 산하 조선사편찬위원회의 주장과 완전히 일치한다. 일제 식민사학자들과 그 한국인 제자들이 계승한 '고조선=대동강(평양) 일대 소국'이란 구도에서 조금도 벗어나지 않는 것이다. 조금 바뀐 부분은 있다.
>
> 과거에는 고조선이 개국부터 멸망까지 대동강 유역에 있던 소국이었다고 확고하게 주장하다가 한·중 수교 이후 만주 일대에서 고조선 관련 유물이 쏟아져 나온 사실을 확인하게 되었다. 그러자 고조선의 중심지가 만주에서 평양 일대로 이주했다는 중심지 이동설로 포장을 조금 바꾸었다. 중심지 이동설은 식민사학이 역간 변형된 형태로 위장해 한국사의 주류 이론으로 살아 있는 것이다."
>
> — 이덕일, 『한국사, 그들이 숨긴 진실』, 역사의 아침, 2009, 29쪽

동북아역사재단의 매국 행태가 구체적으로 적나라하게 드러난 사건은 다음 3가지다.

1. 2012년 경기도교육청 자료집에서 단군을 역사로 서술하자 서
   술 내용을 바꾸라고 압력을 행사.
2. 하버드 고대사 프로젝트(한국 고대사 영문 책자 발간 사업)에서 고조선
   대신 한사군을, 삼국시대 대신 삼한시대를 넣음.
3. 「동북아역사지도」에서 일관되게 독도를 삭제.

첫 번째 사건부터 살펴보자. 2012년에 경기도교육청 소속 역사
교사 17명이 「동북아 평화를 꿈꾸다」라는 자료집을 내면서 단군 사
화를 "역사적 실체의 반영"이라고 서술하자 동북아역사재단은 "고조
선 개국 신화는 여전히 신화적 범주에 속하며 역사적 사실이 아닌
것이 자명하다. 신화가 전하는 내용과 역사적 배경은 엄격히 분리
해 서술하는 것이 바람직하다."라며 서술 내용을 바꾸라고 압력을
넣었다.

뿐만 아니라 두만강 북쪽의 간도 문제에 대해서는 "간도협약 이
전에 간도가 우리 영토에 편입된 사실이 없다."거나 "백두산정계비는
국제법적 인식이 등장하기 전이라 국제법을 적용하기 어렵다."는 내
용으로 고치라고 요구했다. 일제 강점기에 일본 순사에게 잘 보이기
위해 앞장서서 독립투사들을 색출하고 고문하던 조선인 앞잡이들의
행태가 21세기 대한민국 역사학계에서 그대로 반복된 것이다.

한편 윤내현은 「교수신문」과의 인터뷰에서 이렇게 말했다.

"중국의 동북공정, 즉 중국의 한국 고대사 왜곡보다 더 문제
가 되는 것은 우리 역사학자들의 떳떳하지 못한 학문적 태도

다. 주류 사학계는 지금도 그렇지만, 일본 총독부에서 만들었던 한국사, 그 기초를 벗어나지 못하고 있었다. …… 고고학 자료도 해석을 정확하게 해야 한다. 중국에서 고고학 조사 자료를 발표하면 우리 학계에서는 그걸 그대로 따른다. …… 중국 중학교 역사 시간 수업을 견학해본 적이 있다. 중국 지도를 그려놓고 설명을 하는데, 거기에 청천강까지 만리장성이 그려져 있다. 그 근거가 한국의 유명한 역사학자가 고증한 내용이라고 가르친다. …… 나 같은 사람은 주류학계의 주장과 전혀 다른 주장을 해왔다. 그렇다면 한 번쯤 불러서 '당신 얘기도 해보시오' 해야 하지 않나? 동북아역사재단은 단 한 번도 내 얘기를 경청한 적이 없다."

– 2012년 「교수신문」 윤내현 인터뷰 중에서

동북아역사재단이 조선총독부의 사관을 따르는 주류학계만 일방적으로 따를 뿐 윤내현처럼 다른 주장을 하는 사람은 원로 교수임에도 처다보지도 않는다는 것이다.

두 번째 사건은 다음과 같다. 2013년 말에 동북아역사재단은 『The Han Commanderies in Early Korean History(한국 고대사 속의 한나라 영지들)』라는 영문 서적을 발간했다. 이 책은 2007년부터 미국 하버드대학 한국학연구소에 10억 원이라는 거액의 국고를 지원해 6권의 한국 고대사 발간 사업의 일환으로 마지막에 나온 것이었다. 문제는 외국인에게 우리 역사를 알리겠다는 이 책들이 매국사관에 입각하여 오히려 나라 망신시키는 내용들만 담고 있다는 데 있었다. 한국 역사를 말한다면 당연히 맨 앞에 고조선이 나와야 하는데도, 6권 가운데 고조선은 아예 나오지도 않고 한사군이 버젓이 자리 잡고 있었다. 이것은 일제 강점기 조선사편수회의 『조선사』에서 고조선을 지우고 '한나라 영토 시기'로 구분한 것과 무엇이 다른가?

동북아역사재단은 이 책의 내용에 대해 기자들에게 이렇게 설명했다.

> "기원전 108년 한 무제에 의해 설립된 한사군에 대한 최신 연구 성과를 서구 학계에 소개하고 있다. 특히 한사군의 위치와 역사에 대해서는 그간 일본 혹은 중국 학계의 입장이 많이 알려졌으나 한국 학계의 시각이 반영된 것이 특징이다."
>
> — 동북아역사재단, 2014년 1월 보도자료

"한국 학계의 시각을 반영"했다고 자화자찬했으나 한사군을 한반도로 설정한 것이 일제 식민사관과 다른 것이 하나도 없을 뿐 아니라, 중국에서 만주에 있다고 본 낙랑군조차 평안도로 가져오는 매국적 사관을 반영한 것이 '특징'이라는 것이다. "최신 연구 성과"라는 것은 앞에서 본 동북공정의 논리에 맞추어 만리장성을 요동과 한반도까지 끌어왔다는 매국적 결론 이외의 어떤 것도 아니다.

동북아역사재단은 그 전에 낸 5권의 영문 책자가 아무 문제가 되지 않았으므로 이 책이 문제가 되리라고는 전혀 예상하지 못한 듯하다. 보도자료에서 "일본 학자들의 역사 왜곡을 바로잡았다."고 거짓말을 했는데, 이는 과거에는 총론에서 식민사학을 비판하는 척하고 각론에서는 여전히 추종하던 행태보다 한 발 더 나아가 식민사관을 바로잡았다는 식의 뻔뻔한 모습으로 바뀐 것이다.

바늘 도둑이 소 도둑 된다고, 처벌받지 않은 범죄 행위는 더 큰 범죄로 이어진다. 영어로 된 이 책을 대한민국의 어떤 기자가 읽고 반박하겠는가? 또한 기자들에게는 아예 책을 돌리지도 않았다. 민족사학계는 이를 도저히 묵과할 수 없어 '식민사학해체 국민운동본부'를 결성하고 동북아역사재단에 조목조목 따졌다. 이 책에서 한사군이 한반도 북부에 있었다는 조선총독부의 관점만 추종했지 일본 학자들의 역사 왜곡을 바로잡은 것이 무엇이 있느냐고 묻자, 재단에서는 "다양한 관점을 수록했다."고 다시 거짓말을 했다.

또 한사군이 만주 서쪽에 있었다는 견해를 그 책 어디에서 찾을 수 있느냐고 묻자 또 다시 말바꾸기를 시도했다. 이런 기관에 연간 수백억 원의 국민 혈세가 지원되는 것이 대한민국의 현실이다. 그 책에 실린 한사군 지도들은 동북아역사재단이 중국 동북공정의 한국 지부이자 아베로 대표되는 일본 극우파의 국내 전초기지라는 사실을 명확히 보여준다. 그 지도들을 보면 한반도 북부의 한사군 관련 지명을 모두 중국어 발음으로 표기했는데 이를테면 낙랑은 러랑(Lelang), 열수는 리에 리버(Lie River) 등이다. 북한 강역이 중국 땅이라는 속내를 드러낸 것이다.

한편 한사군의 위치에 대해 식민사학자들 간의 견해가 다른 부분까지 충실히 반영해놓았다. 진번군에 대해 쓰다 소키치는 낙랑군 북부에 있었다는 '북부설'을 주장했는데 이를 'Northern theory'라며 평안북도 일대로, 이마니시 류는 낙랑 남부에 있었다는 '남부설'

을 주장했는데 이를 'Southern theory'라며 황해도에 표시했다. 자신들이 조선총독부 직속 조선사편수회의 후신이자 일본 극우파의 국내 전초기지이며, 동북공정 한국 지부라는 확신이 없다면 할 수 없는 짓이다.

그 전인 2010년에는 『The Samhan Period in Korean History』 (한국 역사 속의 3한 시대)가 나왔는데 이것도 철저한 식민사학의 관점이며, 정상적이라면 삼국시대를 책 제목으로 했어야 한다. 또 2012년의 책은 가야에 관한 것인데, 삼국에 대해서는 따로 책을 내지 않고 빼놓은 채 가야만 설명했다. 말도 안 되는 행태다. 신라에 병합된 가야사를 이렇게 중요시하여 따로 넣은 이유도 일본이 가야(=임나)를 지배했다는 식민사관을 강조하기 위한 것 외의 아무것도 아니다. 결국 이 사업은 국내용의 매국사학보다 한 술 더 떠, 완전히 조선총독부 시절로 돌아가 외국인에게 우리의 역사를 왜곡되게 알리려는 쓰레기에 불과하다.

동북아역사재단이 이와 같이 영문 책자만 만든 것이 아니라 그보다 훨씬 많은 47억 원의 예산으로 『동북아역사지도』를 만드는 중이라는 사실이 다시 도마에 올랐다. 이것이 세 번째 사건이다. 이덕일은 『매국의 역사학, 어디까지 왔나』(2015)에서 이에 대해 상세히 비판했는데, 서문에 이렇게 썼다.

> "『동북아역사지도』 도엽 몇 장을 본 사람들은 경악했다. 며칠 동안 잠도 못 잘 것 같다는 반응도 적지 않았다. 이런 매국 지도가 대한민국 국민의 세금으로 만들어졌다는 사실에 더

놀랐고, 그런데도 책임지는 사람이 없다는 사실에 분개했다. '지금까지 들어간 예산은 어떻게 되는 것이냐?'는 질문은 공통의 의문이었다."

– 이덕일, 『매국의 역사학, 어디까지 왔나』, 만권당, 2015, 19쪽

이 사업은 60여 명의 학자가 참여한 대규모 프로젝트로 2008년부터 2015년에 종료할 예정이었는데, 3년 더 연장키 위해 30억 원의 추가 예산을 요청한 것이었다. 국회의 동북아역사왜곡대책 특별위원회에서 추가 예산의 타당성을 심의하기 위해 2015년 4월 17일 회의를 열고, 참고인으로 사업 책임자인 임기환(서울교육대 교수)과 검토인인 이덕일(한가람역사문화연구소장)이 참석했다. 이 자리에서 이덕일은 지도의 문제점을 이렇게 지적했다.

"먼저 전반적인 문제점은 관점의 문제로서, 철저하게 일제 식민사관과 중국 동북공정 논리를 추종하고 있습니다. 식민사관과 동북공정을 극복할 수 있는 여러 논리가 있는데도 이런 논리는 전혀 채택하지 않았습니다.
둘째, 역사학이라는 것은 1차 사료를 해석하는 학문으로서 1차 사료에 대한 해석이 우선이 됩니다. 동북아역사지도 편찬위원회에서 한사군 위치를 비정한 자료를 보내왔는데, 64개 항목의 근거 사료 중에서 『한서』「지리지」를 39번, 그 다음에 이병도 씨 설을 34번이나 인용했습니다.
그런데 『한서』「지리지」에는 낙랑군을 포함해서 한사군을 한

반도 내로 비정할 수 있는 근거가 전혀 없습니다. 『한서』「지
리지」원문을 직접 보여드리면서 제가 설명드릴 수 있습니다.
『한서』「지리지」에는 한반도에 관한 지식 자체가 없습니다. 동
북아역사지도 편찬위원회에서 다 자의적으로 한 거예요. 아
무런 근거도 없는 소설이라는 이야기지요.
중국 사료만 보더라도 한사군이 지금의 하북성 일대 또는 요
동 일대에 있었다고 말하는 고대 사료가 대단히 많습니다.
그런데 이런 사료들은 일체 배제하고 전부 일제 식민사관과
중국 동북공정을 그대로 추종했다는 이야기입니다."

– 위와 같음. 34쪽

　　사업 책임자들이 근거로 삼았다는 『한서』「지리지」에 한사군을 한
반도로 볼 수 있는 내용이 없다는 것은 지극히 당연한 것이며, 이
병도의 한사군이나 마한·진한·변한 등의 한반도 내 위치 비정이
잘못임도 앞에서 보았다. 이덕일은 위와 같이 문제점을 지적한 뒤,
"한국에서 작성한 『동북아역사지도』는 중국이 동북공정 차원에서
그린 탄치샹(담기양譚其驤)의 『중국역사지도집』을 그대로 베낀 겁니다."
라고 결론지었다.
　　이덕일의 비판에 대해 임기환은 "이덕일 소장님의 주장에 대해 결
코 동의할 수가 없습니다."라고 하며 이렇게 설명했다.

"낙랑 등 한 군현의 위치에 대한 대안으로 제시한 주장은 1
차 사료에 대한 이해와 분석에서 오류를 범하고 있다고 생각

합니다. 그래서 이 2가지 문제를 간단히 말씀드리겠습니다. 고조선 및 낙랑군의 위치에 관한 문제입니다. 저희 동북아역사지도 편찬 과정과 내용을 말씀드리면, 고대사의 위치 규정이 굉장히 중요한 문제이기 때문에 한국 고대사 역사지리 전문위원회를 구성하고 이와 관련된 자문회의를 13차 진행했습니다. 그중 2차에 걸쳐 후기 고조선의 중심지와 낙랑군의 위치에 관한 기왕의 견해를 충분히 검토하고 종합적이고 객관적인 결론을 도출하였습니다."

- 위와 같음, 80쪽

이덕일이 사료의 분석과 이해에서 오류를 범하고 있다고 말도 안 되는 소리를 해댈 것이 아니라, 자기들이 근거로 삼았다는 『한서』 「지리지」의 몇 쪽 몇 째줄에서 어떻게 한반도라고 설명하고 있는지를 구체적으로 제시하면 끝날 일이다.

더구나 수많은 사람들이 10여 차례나 회의를 했다면서도 이런 내용을 밝히지도 못한다면 그것이 무슨 소용인가? 학문이 선거처럼 다수결로 결론을 뽑아내는 것이 아닌데, 같은 생각을 가진 사람들끼리만 학계를 독점하여 내린 결론이 어떻게 객관성을 가질 수 있는가?

이날의 토론은 온 국민이 그 내용을 원하면 알 수 있는 대한민국 수립 후 처음 있는 매우 뜻 깊은 자리였다. 국민의 대표인 국회의원들 앞에서 토론의 공간이 마련되었으므로 더욱 그 의미가 크다. 특위 위원인 국회의원들도 우리 역사에 상당한 식견을 가져 임기환에게 날카로운 질문이 쏟아졌다. 그중 두어 가지만 소개하겠다. 도종환 의원이 『삼국사기』를 왜 인정하지 않는지 그 이유를 물었다.

임기환 : 태조왕 때 요서 10성에 대해 말씀드리겠습니다. 요서 10성을 쌓았다는 기사가 있습니다. 이 기사가 그 이후에 다른 자료들을 다 파악해보면 구체적으로 어떤 형태로 실현되었는지 파악하기 어렵습니다. 그래서 이 기사 역시 저희 지도에 반영하지 않았습니다.

도종환 : 인정하지 않는다는 말씀이세요?

임기환 : 검토돼야 할 기사, 현재로서는 이 기사대로 이 기사에 맞춰서 지도를 그릴 수 있는 근거가 확보되지 않았습니다.

도종환 : 『삼국사기』에 나오는 기록 아니에요?

임기환 : 예, 맞습니다.

도종환 : 그런데 왜 그걸 인정을 안 해요?

임기환 : 『삼국사기』 기사만이 아니라 모든 기사를 다 합쳐서 관련 상황에서 합리적인 조항을 추정하는 것이 기본적인 태도라고 생각을 합니다.

도종환 : 우리 거는 인정하지 않고 인정하지 않을 수 있는 다른 것들까지 고려해서 하는 것이 합리적이다, 이런 말씀인가요?

임기환 : 아니지요. 우리 것을 인정하지 않는다는 말이 아닙
니다. 아까도 말씀드렸다시피 사료 비판을 통해『삼
국사기』기록을 적극적으로 검토하고 있습니다. 이
기사 하나를 가지고 저희가 인정하지 않는다고 말
씀드릴 수는 없습니다.

도종환 : 이해할 수가 없네요.

– 위와 같음, 238~239쪽

『삼국사기』에 고구려 태조대왕이 '요서에 10성을 쌓았다고 했는데
학계에서는 중국의 요서군에 고구려가 성을 쌓을 수 없다는 관점에
서 이병도 이래 이 기록을 부정하며, 따라서 요서를 고구려 강역으
로 표시하지 않은 것이 확실하다. 그러면서도 임기환은 신성한 국
회에서 어물어물 말장난으로 비켜간다. 그의 말은 위증죄를 구성할
수 있는데 이날 그는 이외에도 많은 거짓말을 한 것을 필자도 두
귀로 똑똑히 들었다.

이상일 의원도『삼국사기』기록에 대해 물었다.

이상일 : 『삼국사기』초기 기록을 불신하지 않는다고 하셨는
데,『삼국사기』초기 기록을 반영한 지도를 만드신
게 있습니까, 이 지도에서?

임기환 : 『삼국사기』초기 기록이요?

이상일 : 예.

임기환 : 『삼국사기』초기 기록 외에 여러 가지 지명들이 나

와 있습니다. 『삼국사기』 초기 기록에도 소국들의 지명들이 나와 있습니다. 이 소국들의 지명들을 저희가 지도에 반영을 하고 있습니다.

이덕일 : 제가 한 말씀 드려도 되겠습니까? 『삼국사기』 초기 기록이 이 지도에 단 1장도 나온 게 없어요. 있으면 '몇 쪽에 나왔다'고 하면 됩니다. 『삼국사기』에는 서기전 57년에 신라가 건국됐고 서기전 37년에 고구려가 건국됐고 그다음 서기전 18년에 백제가 건국됐다고 나옵니다. 그런데 아까 이 지도에서 보셨다시피 서기 300년에도 신라하고 백제가 없어요. 제가 이 지도만 갖고 왔는데 다른 지도 보면 일관되게 『삼국사기』 초기 기록을 부정하고 있습니다. 『삼국사기』 초기 기록을 인정하고 그랬으면 지금 제출한 그 지도 중 몇 쪽에 있는지 간단하게 말씀하시면 되지요, 복잡하게 이렇게 설명할 필요 없이.

임기환 : 말씀드리겠습니다. 아까도 말씀드린 바와 같이 3세기까지의 기록은 3한으로 표현된 중국 『삼국지』 「동이전」의 기록이 있고, 『삼국사기』 초기 기록이 있습니다. 『삼국사기』 초기 기록은 오직 신라와 백제만이 표현돼 있는 것이고, 『삼국지』 「동이전」 기록은 이 안에 많은 속국과 정치체의 움직임이 드러나 있습니다. 저희는 이 2가지 기록을 합쳐서 그렸고 그래서 백제와 신라로 쓰지 않고 백제국과 사로국으

로 표현을 했습니다.

– 위와 같음, 257~258쪽

여기서도 임기환이 중국과 우리 기록을 '합쳐서 그렸다'는 것은 말장난이며 위증의 죄를 범한 것이다. 두 기록은 합칠 수 있는 성질의 것이 아니다. 『삼국사기』에는 서기전 1세기에 삼국이 건국된 이후에 중국의 『삼국지』에 이름만 열거한 78개 읍락국가의 이름이 일체 나오지 않는다. 그러므로 지도에 그 읍락국가를 모두 표시했다는 것은 중국의 기록을 인정하고 우리 기록을 인정하지 않았다는 것이다. 그런데도 임기환은 "『삼국사기』를 믿지 않는 학자는 아무도 없다."고 새빨간 거짓말을 해댄다. 오늘날까지 자기들이 무슨 거짓말을 해도 아무 문제가 없었기에, 임기환은 신성한 국회에서의 위증이 얼마나 심각한 범죄인지조차 인식을 못하고 제멋대로 답변한 것이다.

동북아역사지도에 대해 끝으로 언급하려는 것은 모든 지도에 독도가 일관되게 빠져 있다는 사실이다. 독도는 우리 영토가 아니었다는 역사 인식이니 그야말로 일본 극우파의 관점이요 매국적 사관이 아니겠는가? 이덕일의 말을 들어보자.

"독도를 빼놓았다는 필자의 비판에 임기환은 '실수'라고 변명했지만 이러한 정황들은 실수가 아니라 확고한 '소신'을 반영한 결과라고 말해준다. …… 5년이라는 기나긴 기간 동안 편찬위원회 소속 학자 60여 명 중에서 '독도를 왜 그리지 않았

느냐?"고 물어본 학자가 단 1명도 없었다는 이야기인가? 독도
가 대한민국의 강역이라는 사실은 동북아역사지도의 '기본 자
료'에 들어 있지 않았다는 말인가? 독도가 대한민국 영토인
줄 모르는 '역사 천치'들만 모여 있었던 게 아니라면 있을 수
없는 일이다. 동북아역사지도에서 독도를 그리지 않은 것은
실수가 아니었다. 그건 '계획된 의도'였다."

- 위와 같음, 304쪽

임기환이 독도를 누락한 것을 포함해 여러 부분에 대해 변명을
늘어놓자 도종환 의원이 이렇게 따졌다.

도종환 : 동북아역사지도를 원래 5년으로 만들려고 했다가
3년 더 연장해서 2008년부터 2015년까지 8년간 작
업을 해왔어요. 예산 46억 8천만 원이 들었네요. 이
렇게 오랫동안 많은 예산을 들여서 한 작업인데, 임
기환 교수님께서 좀 전에 위나라가 경기도까지 차
지한 것으로 표현된 부분에 대한 지적에 대해서 완
성된 것이 아니라 계속 만들어가는 과정이다, 이렇
게 말씀하셨지요?

임기환 : 예.

도종환 : 그리고 상대 국가나 민족의 상황과 대비해서 최종
정리할 것이다, 이렇게도 말씀하셨네요?

임기환 : 예.

도종환 : 그리고 고조선 전기 도엽과 고조선의 범위 문제에 관한 논란에 대해서는 접점을 찾아가는 과정이다, 이렇게 아까 답변을 하셨어요?

임기환 : 예, 그렇습니다.

도종환 : 또 독도 안 그린 것에 대해서는 실수다, 이렇게 말씀하셨어요?

임기환 : 예.

도종환 : 8년 동안, 5년 작업으로 끝날 것을 3년 더 연장해서 어기까지 이렇게 많은 예산을 들여서 만들고 난 뒤에 지금도 이렇게 실수라든가 또는 계속 만들어가는 과정이라고 말씀하시는 걸 들으면서, 국가 예산을 이렇게 많이 투자했는데 아직도 계속 이렇게 만들어가는 과정이라면 어디까지를 신뢰해야 되는가 하는 생각을 저희들은 하게 되는 거예요. 앞으로도 계속 만들어가는 과정이 될 거면 앞으로도 우리가 계속 예산을 세워야 할 것인지 여러 가지를 우리들은 고민을 해야 되는 거지요.

또 4세기에 신라·백제가 없는 것에 대해서 쓰다 소키치 등의 『삼국사기』 불신론을 추종했기 때문이 아니냐는 지적에 대해서는, 그건 아니다, 우리도 임나일본부는 인정 안 한다, 아까 이렇게 또 말씀하셨어요. 그러면서 민족사에 대한 깊은 애정으로 추진하고 있는 것이다, 올바르고 정당한 지도를 만들어나갈 것이다, 이렇게 말씀을 하셨는데, 이게 말이 아니라 구체적으로 신뢰할 수 있게 (보여줘야 되는 것 아닙니까?) 또 학계뿐만 아니라 국민들이 봐도 인정할 수 있게 이렇게 돼야지만 또 교육적으로 학교에서 가르칠 수 있고 이렇게 되지 않겠습니까? 여러 가지 측면에서 여러 가지를 고려해야 된다고 생각을 해요. 몇 가지만 여쭤볼게요. 아까 말씀하신 대로 그거 한 번 우선 첫 번째, 신라·백제가 없는 것이 아니다, 임나일본부 인정 안 한다고 그랬는데, "지도 몇 쪽에 있는지 그것 말씀해 보십시오."라고 아까 질문을 하시던데, 지도 몇 쪽에 이게 있습니까?

임기환 : 저희 지도요?

도종환 : 예.

임기환 : 저희 지도에서는 임나일본부를 그려본 적이 없기 때문에 몇 쪽에 있다는 말씀을 드릴 수는 없고요.

도종환 : 아니, 임나일본부 그렸다는 것이 아니라 신라·백제가 없는 부분에 대해서…….

임기환 : 신라·백제가 없는 부분에 대해 말씀하시는 겁니까?

도종환 : 예.

임기환 : 신라·백제를 그렸는데요. 그리고 3세기 이전에는 아까 말씀드린 바와 같이 백제국과 사로국으로 표시를 했습니다. '삼한 소국의 분포' 지도를 보시면

되겠습니다.

- 위와 같음, 261~264쪽

『동북아역사지도』나 앞에 본 영문 책자에서나 4세기까지 신라와 백제는 없고 대신 수많은 읍락국가가 좁은 한반도 남부에 우글대고 있었다는 것이다. 이것은 일본 식민사학에서 일본이 한반도 남부에 임나일본부를 두어 200년이나 다스렸다는 허위를 주장하기 위해 우리 사회가 미개했다는 것인데, 동북아역사재단은 실은 이를 추종하면서도 겉으로는 부인하는 척하는 것이다. 그러나 도종환 의원뿐만 아니라 이날 참석한 17명의 여·야 모든 의원들이 그들의 매국사관을 익히 알고 있음이 드러났다. 그 결과로 이 지도 편찬사업은 중지되고 이미 집행된 예산 중 10억 원을 환수하는 조치를 취하게 되었으니, 얼마나 다행한 일인지 모르겠다.

적과의 동행,
랴오시 지역 답사 토론

사태가 이렇게 심각해지자 동북아역사재단에서는 작년 8월 민족
사학계와 매국사학계를 같이 초청해 랴오시 지역을 현지 답사하면
서 토론을 갖는 기회를 만들었다. 광복 후 처음 있는 매우 뜻있는
행사였지만 애초부터 짧은 토론 기회에 큰 기대를 거는 것은 어려
웠다. 다만 이런 기회가 앞으로 더욱 늘어나 더 많은 국민들이 우
리 고대사를 올바로 이해할 수 있는 계기가 되기를 바란다.

답사에는 민족사학계에서 이종찬(우당장학회 이사장), 허성관(전 행정자치부
장관), 이덕일·문성재 및 필자 등이 참석하고, 강단사학계에서는 공
석구(한밭대 교수)·정인성(영남대 교수) 및 윤용구(인천도시공사 문화재 담당관), 박준
형(연세대 학예연구사)이 참석했으며, 김호섭(동북아역사재단 이사장)이 동행했다.
답사지 중 두 곳에 대해 설명하고자 한다.

첫째, 진황도시의 갈석산과 그 동쪽 수십 킬로미터에 있는 갈석궁인데, 갈석산은 진시황을 비롯한 후대 9명의 황제가 올랐다는 곳이며 갈석궁은 진시황의 행궁이라 한다. 먼저 갈석산에 황제들이 간 이유는 그곳이 만리장성의 끝인 낙랑군이며 대대로 우리 민족과의 경계였기 때문이다. 그런데 동행한 학자들은 그곳이 당초의 낙랑군이 아니라 313년에 평양의 낙랑이 쫓겨 간 것이라고 한다.

그러나 이것은 모순 그 자체다. 9명의 황제 중 313년 이후 6명은 갈석산이 경계이니까 갔다고 하더라도, 그 전의 진시황·한나라 무제·위나라 조조는 낙랑이 지금 평양에 있을 때인데, 무엇 때문에 평양 쪽에 오지 않고 지금의 갈석산까지만 오고 말았을까? 중국의 기록에 갈석산이 요동 또는 낙랑에 있었다고 나오는데, 학계에서 말하는 지금의 요동이나 낙랑이었다는 한반도 북부에 갈석산이 없다는 것은 지금 진황도의 갈석산이 예로부터의 갈석산이라는 뜻이므로, 낙랑군이 평양에서 진황도로 옮겨왔다는 것은 역사적 진실이 될 수 없다.

더 문제가 되는 것은 갈석궁이다. 갈석산이 경계였으므로 진시황이 거기까지 왔다 치더라도 그보다 동쪽으로 멀리 떨어진 갈석궁은 조선 땅으로 보아야 상식적이며, 이를 진시황의 행궁이라고 하는 것은 중국의 조작임이 분명한데도 동행한 강단의 학자들이 모두 따르고 있다. 갈석궁 유적은 남북 4킬로미터, 동서 3.5킬로미터의 넓은 터에 자리 잡고 있으나, 행궁 터라고 하기에는 우선 유물이 너무 빈약하다. 그리고 이 유적은 1982년에야 발견되어 조작했을 가능성이 매우 높은데, 옛 역사서나 지리서 어디에도 갈석궁이 이곳에 있었다는 기록이 없다.

그런데 이곳의 유물 중에 기와나 벽돌이 진시황릉 부근의 것과 같다고 하며 윤용구와 정인성은 진시황의 행궁임을 강조했다. 그러나 그들이 교주처럼 떠받드는 이병도도 "유물은 항시 굴러다니는 것이어서 문헌을 위주로 해야 한다."고 늘 강조한 바 있음을 상기시키고 싶다. 동행한 민족사학자 문성재가 밝혔듯이, 세키노 다다시가 베이징에서 사들인 한나라 유물을 일본인들이 평양 지역에 묻어 낙랑군으로 둔갑시켰다. 지금의 중국인들이 진시황 무덤 부근에서 기와나 벽돌을 이곳에 갖다놓는 것은 필자가 생각해도 그리 어려운 일이 아니다.

다시 갈석산으로 이야기를 잠시 돌리면 진시황이 자기의 업적을 새긴 비석을 갈석산에 세웠다고 한다. 그러나 갈석산에 이 비석이 없다. 또 조조가 갈석산에 올라 바다를 보고 읊은 '관창해(觀滄海)'라는 시를 산 입구에 써놓았으나 조조의 친필은 아니다. 그 시에 '동쪽으로' 갈석에 임했다는데, 오히려 '남쪽으로' 갈석이 있다. 이렇게 진시황이 갈석산에 온 사실조차 의심스러운데, 장성의 끝 갈석산에서 동쪽 멀리 행궁이 있다는 것은 너무나 불합리하다.

둘째로는 랴오시 북부 츠펑(적봉赤峰)시의 옛 성터를 찾았다. 랴오시 지역에 홍산문화의 유적이 많은데, 이는 앞에서 본 대로 황허문명과는 구별되며 더 이른 시기의 것이다. 동행한 강단사학자들은 이 유적을 중국의 것은 아니라고 하면서도 고조선 계통 유적이라는 민족사학자들의 의견은 극구 부정했다. 우리 민족의 것이 아니라면 구체적으로 어느 민족의 것인지 밝혀야 함에도, 막연하게 북방 유목민족으로 우리 조상의 문화가 아니라는 것이다.

그러면서 그들은 서기전 3세기 연나라 진개의 동호·조선 침략을 강조하고 그 이후 만주 일대의 유적·유물들을 연나라의 것으로 보고 고조선을 한반도로 보내버린다. 그러나 앞에서 보았듯이 연나라 북쪽의 동호나 동쪽의 조선은 모두 같은 민족이다. 다시 말하면 진개 이전의 중국 북쪽은 동호로서 옛 조선이며, 츠펑이나 랴오시 일대가 모두 우리 민족의 활동 무대였던 것이다. 앞에서도 말했지만 랴오시 전역의 거석문화는 한반도에까지 연결되는 같은 계통의 문화라는 사실이 이를 뒷받침한다.

이번 답사에서 저녁에는 사흘 동안 7명이 낙랑군이나 갈석산의 위치 및 랴오시 지역의 고고학적 고찰 등 주제를 발표하여 토론했으며, 요점은 위 답사에서 간략히 논한 것과 같다. 다만 윤용구는 비교적 후대의 「백제의 요서 진출설」을 발표했는데 여기서는 이에 대해서만 간략히 논하겠다. 백제가 요서에 진출했다는 설은 반도 사관에 따라 백제가 한반도에 있으며 요서에 일시 진출했다는 것이다. 그나마 반도의 소국 백제가 진출했다고 보는 것은 좋아서가 아니라, 중국 남조의 역사서에 기록되었기 때문에 어쩔 수 없이 인정하는 것이다. 하지만 앞에서도 언급했듯이 백제는 '일시 진출'한 것이 아니라 원래 대륙에 있었다.

윤용구는 중국의 관련 사료들을 열거하면서 우리 사료로 유일하게 『삼국사기』에 보이는 최치원의 글 중에, "백제가 양자강 왼쪽에 거하였다(百濟據江左)."고 한 것을 언급하며 이렇게 비판했다.

"(이) 기사는 당시의 사실로 보기 어려운 것이 사실이다. ……
다만 최치원이 당나라 말 중국에서 오랫동안 거주하며 혼란
한 사회를 직접 목도하던 인물이란 점에서 왜 이 같은 과장
된 표현을 하였는지는 별도로 검토가 되어야 할 것이다."

– 동북아역사재단, 요서 지역 조사와 현장 토론회, 2016, 105쪽

백제가 양쯔강(양자강) 유역에 있었다고는 꿈에도 생각하기 싫은 학
계이니만큼, 백제는 무조건 반도에 있어야 하는 것이다. 최치원의
글에는 앞에서 본 것처럼 백제·고구려가 100만의 강한 군대를 가
지고 있었으며 남으로 오·월나라를 침략하고 북으로 연·제·노나
라를 괴롭혔다고 했다. 이런 맥락에서도 백제가 한반도의 소국이
아니라 양자강 쪽에 있던 대국이라는 것이 드러나지 않는가? 중국
의 기록은 믿으면서 우리 기록은 이렇게 비논리적으로 무시하는 태
도가 과연 학자의 자세인지 묻지 않을 수 없다.

또 한 가지 중국의 기록에 백제가 '요서'를 취해 가졌다고 할 때
그것이 지금의 요서(랴오시)가 결코 아닌데도, 지금의 요서로 보는 데
근본적인 문제가 있다. 반도의 소국이라는 백제가 무슨 재주로 지
금의 요서에도 진출하고 중국 동해의 오·월나라도 침략했겠는가?
당시의 요서든 오·월이든 또 북쪽의 유주나 제나라, 노나라든 모
두 백제의 주변에 있었기에 가능한 일임은 상식적으로 볼 때도 자
명하다.

제1부에서 대륙의 백제를 논했지만 여기서 하나만 더 첨언하자면
천문학자 박창범이나 기상 전문가 정용석이 3국의 일식 기록과 각

종 기상 기록을 분석해, 백제는 물론 인접한 고구려·신라 모두 대륙에 있음을 과학적으로 밝혔다. 자연 현상은 속일 수 없는 것이며, 역사학처럼 거짓으로 우길 수도 없는 것이다. 매국적 사학자들은 이 점을 명심하고, 만약 반도사관을 계속 우기려면 자연과학자들이 반도의 3국을 증거하는 결과를 가지고 이야기해야 할 것이다.

'정설'이라 우기고
연구 안 하기

매국사학을 유지하기 위해 문헌고증이나 논리의 측면에서 내세우는 방법에 '정설(定說)'이라고 우기는 것이 있다. 정설이란 일반적으로 여러 다른 견해들 가운데 많은 학자들에게 그 타당성을 인정받는 다수의 견해를 말하는 것이지만, 여기에는 전제조건이 있다. 즉 그 설이 사료의 선택이나 해석 면에서 합당해야 한다는 지극히 상식적인 것이다. 그렇기 때문에 어떤 설이 1차적 문헌의 기록과 맞지 않거나 문헌의 해석을 잘못하여 세운 것이라면, 아무리 많은 학자들이 지지한다 하더라도 정설이 될 수는 없다. 앞에서 많은 예를 보았듯이 지금 학계에서 내세우는 주요한 정설들은 근본적으로 이러한 결점들을 가지고 있는데도, 모두가 추종한다는 것은 그들이 학자로서의 자질을 갖추지 못한 것이거나, 불순한 의도에서 조직적으로 정설로 우기는 것이다. 이런 사실을 낙랑=평양설의 경우에서 확인해보자.

조선시대 후기에 정약용 등의 낙랑=평양설과 함께 이익 등의 낙랑=요동설이 있었는데 일제 강점기에 와서 일인들이 모두 평양설을 주장하면서 그것이 압도적 다수의 설이 되고 요동설은 신채호 등의 소수설이 되어버렸다. 그런데 중요한 것은 일인들이나 그 설을 따른 이병도가 명확한 문헌의 근거 없이 일방적으로 자기들의 주장만 했지, 요동설이 왜 잘못인지 합리적으로 비판하지 못했다는 점이다. 상대에 대한 적절한 비판이나 상호 토론이 없이 평양설을 정설로 고집한 것은 정치적 목적에서 나온 것이라고 볼 수밖에 없는 것이다. 강압적인 식민 지배 아래 독립운동을 한 신채호와의 자유로운 토론이 가당키나 했겠는가?

광복 후 70년 동안도 달라진 것이 하나도 없으니, 요동설에 대해 학회지에 글을 실어주지도 않고 토론의 기회도 주지 않았다. 중국의 많은 책에 낙랑이 '요동'에 있었다고 나와 있는데도 이병도가 "요동설은 일설로 둘 필요도 없다."고 억지로 주장했으니, 이를 따르는 학계에서 윤내현이나 이덕일의 글을 실어주거나 토론에 불러줄 이유가 없다. 그러므로 「역사비평」에 10명이 이덕일을 '사이비'로 무차별적으로 공격하는 글을 실으면서도 반론의 기회는 봉쇄해버리는 것이다. 사실 민족사학계에서는 매국사학계에 기회 있을 때마다 토론회를 갖자고 제안해왔지만 그들은 응하지 않았다, 아니 응할 수 없었다고 해야 맞을 것이다. 이래서야 학문적 진실이 밝혀지고 학문이 발전할 수 있겠는가?

이와 같이 학계에서 말하는 '정설'이란 대부분 그들끼리 약속한 거짓으로 기득권을 유지하기 위한 방법이다. 더 정확하게 말하면 약속이 아니라 석·박사 과정에서부터 지도 교수에게 강요된 것이며, 종교적 교리처럼 건드릴 수 없는 성역이다. 사교에 빠진 신도들이 모든 것을 교주에게 바치듯이, 학계의 후학들도 학계의 정설을 신봉하고 따르지 않으면 살아남을 수가 없는 것이다. 그러다 보니 학계가 정설만 앵무새처럼 되풀이할 뿐 참신한 연구를 하지 않고 따라서 논문이나 저술도 거의 없다. 학자가 연구를 하지 않는다면 존재 가치가 없는데, 교리를 벗어나는 연구는 하지 못하게 차단하는 것이 그나마 매국사학이 살아남을 수 있는 처량한 전략인 것이다.

필자의 이러한 지적은 결코 추측이나 과장이 아니다. 우리의 고대사는 시기적으로 배달국에서 신라 말까지 대략 3,500년에 이르는데, 학계에서 말하는 신화와 전설의 시대를 지워버리면 태조대왕이나 내물대왕 이후 기껏해야 700년 역사밖에 연구할 것이 없다. 또 공간적으로 대륙의 역사를 빼버리고 한반도에서의 역사만 연구하려니 역사지리에 관한 것도 무엇이 많이 있겠는가? 게다가 전래의 우리 역사서를 거의 대부분 제외하고 『삼국사기』나 조선시대의 일부 역사서밖에 참고할 것이 없으니, 어떤 천재라도 연구를 할 수 없는 풍토이다.

그런데 최근 2~3년 사이에 드물지만 학술 토론회에 민족사학자도 초청하는 경우가 생기고 있다. 동북아역사재단이나 한국학중앙연구원 같은 국고로 운영되는 기관에서 뒤늦게나마 이런 기회를 만든 것은 매우 반가운 일이지만, 그것이 학계가 원해서가 아니라 이 기관들이 재야의 공세 때문에 어쩔 수 없이 하는 것이어서 씁쓸한 느낌도 든다. 어쨌든 70년 한국 역사에서 변화의 조짐이 보이는 것이므로, 앞으로 고대사 분야의 토론이 더욱 활성화되어야 할 것이다.

올바른 국사 교육이
시급하다

학계의 매국적 역사관은 곧바로 각급 학교에서 가르치는 국사 교과서에 반영되어, 학생들에게 민족 자존감을 심어주지 못하고 비참한 노예적 인식을 갖게 만들고 있다. 그러므로 여기서는 2007년까지의 국정 고등학교 국사 교과서에 서술된 내용을 구체적으로 살펴보겠다. 먼저 '삼국의 성립'이라는 항목 중 고구려를 보자.

"2세기 후반 고국천왕 때에는 부족적인 전통을 지녀온 5부가 행정적 성격의 5부로 개편되었고, 왕위 계승도 형제 상속에서 부자 상속으로 바뀌었으며, 족장들이 중앙 귀족으로 편입되는 등 왕권 강화와 중앙집권화가 더욱 진전되었다."

─ 『고등학교 국사』, 교육인적자원부, 2007, 47쪽

위 교과서의 문장은 세 부분인데, 모두 거짓이다.

첫째, 9대 고국천왕(재위 179~197) 때 5부의 성격이 바뀌었다고 했으나 『삼국사기』에는 그런 사실이 전혀 기록되지 않았다. 이 무렵에야 고구려가 사실상 건국되었다는 식민사관에 꿰어 맞추기 위해 거짓을 말하는 것이다.

둘째, 왕위 계승이 형제 상속에서 부자 상속으로 바뀌었다고 한 내용도 거짓으로, 『삼국사기』를 보면 당초부터 부자 상속으로 왕위가 이어졌다. 시조 주몽대왕으로부터 9대 고국천왕까지 여덟 번의 계승이 있었는데, 그중 세 번만 예외적으로 동생에게 이어졌다.

즉 4대 민중왕은 전 대무신왕의 동생인데, 태자가 어리므로 나라 사람들이 추대하여 왕위에 올랐다. 그러나 민중왕이 5년 만에 돌아가므로, 태자가 다시 5대 모본왕으로 즉위하였으니 부자 계승의 원칙이 실현된 것이다. 그런데 모본왕이 포악하여 6년 만에 시해당하자, 태자가 불초하다고 하여 나라사람들이 2대 유리대왕의 손자를 6대 태조대왕으로 추대했다.

태조대왕은 94년이나 재위하며 수많은 정복 전쟁을 승리로 이끌었는데, 그 과정에 동생 수성이 공도 있어 군사의 일을 모두 맡겼다. 대왕은 94년에 늙었다며 동생에게 왕위를 양보하여, 그가 7대 차대왕이 되었다. 그런데 차대왕도 포악하여 시해를 당하므로, 그 동생 백고가 8대 신대왕으로 추대되었다. 다음의 9대 고국천왕은 신대왕의 아들이다. 이와 같이 왕위가 동생에게 이어진 것은 예외적 상황에 속하는데도, 오히려 원칙인 것처럼 서술한 이유는 태조대왕 이전의 기록은 믿지 않는 매국사관을 반영한 것이다. 즉 태조대왕을 건국 시조로 보아 그 동생과 또 그 동생이 대를 이은 것을 원칙으로 간주한 것이다.

셋째, '족장들이 중앙 귀족으로 편입'되었다고 한 것도 물론 『삼국사기』에서 찾을 수 없는 내용이다. 이런 허황한 내용을 학생들에게 가르칠 것이 아니라, 오히려 고국천왕이 을파소나 안유 같은 훌륭한 재상을 발탁한 일과 요동군을 크게 물리친 업적 등을 교과서에 실어 가르쳐야 마땅할 것이다.

다음에는 국정 교과서의 백제의 성립 부분을 보자.

> "백제는 한강 유역으로 세력을 확장하려던 한의 군현을 막아내면서 성장하였다. 고이왕 때 한강 유역을 완전히 장악하고, 중국의 선진 문물을 받아들여 정치 체제를 정비하였다."
>
> – 『고등학교 국사』, 교육인적자원부, 2007, 47쪽

여기 한강 유역의 백제나 그 북쪽의 한(漢)나라 군현은 반도사관으로 잘못임은 이미 충분히 논했으므로 여기서는 2가지만 지적하겠다.

첫째, 백제가 한나라 군현을 막아내면서 성장했다는 것은 정확한 말이 아니다. 낙랑군에서 백제를 몇 번 침입한 것은 사실이지만, 고이대왕 때까지 쉴 새 없이 백제를 괴롭힌 것은 다름 아닌 북쪽의 말갈(靺鞨)이었다. 그런데도 말갈을 전혀 언급하지 않는 이유는, 매국적 반도사관이 잘못임이 바로 드러나기 때문이다.

일제 식민사학자들의 반도사관에 의하면 한강 유역의 백제 북쪽

에는 낙랑군이 있어야(3세기 초에 대방군이 설치된 이후에는 황해도의 대방군이 된다) 하므로, 말갈의 존재를 인정하지 못하는 것이다. 그러나 『삼국사기』를 보면 말갈이 백제만 아니라 신라에도 자주 침입하여 두 나라의 북쪽임을 증거한다.

또 고구려 시조 주몽대왕이 나라를 세우자마자 남쪽의 말갈을 쳐서, 다시는 고구려를 침입하지 못하게 만들었다. 다시 말하면 말갈이 백제의 북쪽인 동시에 고구려의 남쪽에 있다는 것이므로, 만약 한반도 안에서라면 이것은 말이 되지 않는데, 그 이유는 그곳에 말갈 대신 식민사학에서 거짓으로 말하는 낙랑·대방군이 있어야 하기 때문이다.

둘째, 고이대왕이 '중국의 선진 문물'을 받아들였다는 것은 모순이다. 그 앞의 문장에 '한의 군현을 막아내면서 성장'했다 하면서도, 그 적국의 선진 문물을 받아들였다는 것은 취하기 어려운 정책이기 때문이다.

더구나 중국의 문물이 백제보다 선진, 즉 앞섰다는 것도 근거가 전혀 없다. 앞에서 고조선의 청동기 문명이 중국보다 수백 년 빠른 것을 언급했는데, 그 후 언제, 어떻게 중국이 우리를 추월하여 백제보다 선진화되었다는 것인가? 이런 부분에 대해 명확한 과학·기술적 해명도 없이, 중국의 선진 문물을 당연시하고 우리는 후진적이었다는 가설 자체가 일제 식민사학의 덫에 걸려 있는 것이다.

다음으로 신라에 대한 국정 교과서의 서술을 보자.

"4세기 내물왕 때 신라는 활발한 정복 활동으로 낙동강 동쪽

의 진한 지역을 거의 차지하고 중앙집권국가로 발전하기 시작
했다."

– 『고등학교 국사』. 교육인적자원부. 2007. 48쪽

이는 한마디로 신라가 내물왕 때에 와서야 건국되었다는 것으로,
내물왕 이전 400년의 신라 역사를 말살하자는 것이다. 그러나 필자
가 앞에서 쓴 대로, 『삼국사기』에 내물왕 이전에 이미 13개국을 병
합한 왕성한 정복 활동이 기록되어 있다. 이에 비해 내물왕 때는 재
위 47년 동안에 왜적의 침입 2회와 말갈의 침입 1회를 막은 것이
전쟁의 전부다. 이것을 교과서에 위에서처럼 '활발한 정복 활동'이라
고 거짓말을 해대니, 이 땅의 고대사 학자라는 사람들은 학자 이전
에 인간적 양심은 가지고 있는지 반문하고 싶다.

한편 국정 교과서에는 '신라의 발전과 왕호 변천'이라는 도움글에
이렇게 서술했다.

"신라에서는 왕의 칭호가 거서간, 차차웅, 이사금, 마립간, 왕
등으로 여러 차례 바뀌었는데, …… 왕권의 강화를 표시하기
위해 대군장이라는 의미의 마립간으로 바뀌었다. …… 6부를
개편하여 중앙집권화를 추진하면서 마립간 대신 왕이라는 칭
호를 사용하게 되었다."

– 『고등학교 국사』. 교육인적자원부. 2007. 48쪽

마립간이라는 칭호는 19대 눌지로부터 22대 지증까지 4명의 왕

에게 썼고, 23대 법흥왕 때부터는 모두 왕의 칭호를 썼다. 위 교과서 인용문의 설명에 따르면 마립간은 '왕권의 강화'를 표시하는 것이라고 했다. 그렇다면 첫 마립간인 19대 눌지 때 왕권이 강화되었으니 그를 사실상의 건국시조로 보아야 할 텐데, 위에서 본 것처럼 그 전인 17대 내물이사금이 사실상 건국의 시조라는 것은 논리적으로 모순이다.

또 '6부를 개편하여 중앙집권화'를 추진하면서 왕이라는 칭호로 바뀌었다고 했다. 그렇다면 처음 왕을 칭한 23대 법흥왕이 사실상의 건국시조일 수도 있으므로, 역시 17대 내물이사금이 시조라는 주장과 모순된다.

시조 혁거세거서간 때부터 이미 강력한 고대 국가였던 신라를 부정하고 그 건국을 늦추어 미개한 사회로 만들려다보니, 명확한 논리가 뒷받침되지 못하고 이와 같은 혼선이 생기는 것이다. 그렇기에 실제로 일제 식민사학자들끼리도 신라의 시조를 내물이사금, 눌지마립간, 지증마립간, 법흥왕, 심지어 29대 무열왕 등으로 중구난방으로 떠들어댔으니, 이것이 과연 학문적 성찰의 결과인지 아니면 정치적 의도인지는 너무나도 명백한 것이 아니겠는가?

고대사 학계는 식민사학의 이런 난맥상을 잘 알면서도 그들을 추종하여, '왕권의 강화'니 '중앙집권화'니 명확히 구분도 되지 않는 용어로 국민과 학생들을 언제까지 우롱할 것인가?

끝으로 필자는 고대사 학자들은 학생인 자식들이 없는지 묻고 싶다. 자신들의 거짓 학문을 자식들이 배우면 기쁜지 묻고 싶다. 또 만약 자식들이 필자의 글이나 다른 사람이 자신의 부모를 비판

하는 글을 보고, 부모의 답을 요구할 때 뭐라고 답변할지 너무나
궁금하다.

언론 장악으로
국민의 눈과 귀 가리기

　지금까지 본 것처럼 매국사학은 학문이라는 이름으로 위장한 거짓 체계를 유지하기 위해 민족사학을 죽이는 모든 방법을 동원했지만, 이런 범죄 행위가 지속될 수 있었던 근본적인 이유는 그들이 우리 사회의 권력인 정치권이나 언론을 든든한 배경으로 삼았기 때문이었다. 이승만 정권이 친일파 청산을 하지 않고 오히려 친일 세력을 조장함으로써 이병도 같은 친일 매국사학자가 살아남았으며, 언론 또한 친일 성향에서 자유롭지 못해 국민들의 알 권리를 제대로 알려주는 대신 매국사학의 편에 서서 국민을 그릇된 방향으로 이끌었다. 민주 사회에서 언론의 영향력은 거의 절대적이라고도 할 만큼 지대한데 주요 언론이 모두 매국사학을 비판하기는커녕 옹호하니, 역사를 잘 모르는 일반 국민들은 그 잘못을 알 수가 없으며 또 민족사학계가 역사를 잘 모르면서 감정적인 측면에 치우쳐 강단 사학계의 발목을 잡는 것이 아닌가 의심하는 것이다. 그러나 제1부에서 필자가 다각도로 비판한 「역사비평」의 '사이비 역사학' 특집 기사에 대한 주요 언론의 보도를 보면, 언론의 편파적 입장이 적나라하게 드러난다.

「조선일보」, 「한국일보」, 「경향신문」, 「한겨레」 등 주요 언론은 제목부터 '젊은 사학자들 뿔났다'는 등 자극적인 말로 매국사학계의 풋내기 박사들을 옹호하는 기사를 내보냈다. 「역사비평」에서 민족사학계의 입장은 싣지 않고 일방적으로 자기들 주장만 반복하는 것 자체가 비학문적인 행태인데도, 중립적 위치에서 보도해야 할 언론마저 편가르기에 앞장서서 그들의 입장만 대변하니 이것이 민주 사회의 정론지들이 할 수 있는 일인가? 특히 학문이라는 전문 분야의 내용이기 때문에 기자들이 상반되는 주장의 진위 여부를 가릴 능력이 없는 것이 당연한데도, 민족사학계를 무조건 백안시하는 것을 보면 도저히 이해가 되지 않는다.

구체적인 예로 「경향신문」은 '사이비 역사학은 왜 위험한가?'라는 기사에서 「역사비평」의 편집주간 박태균(서울대 국제대학원 교수)의 주장을 이렇게 소개했다.

"(고대사와 관련해) 재야사학자들의 주장이 역사적 고증도 제대로 되지 않은 상태에서 민족주의라는 이름 아래 일부 국회의원들과 일부 진보적 지식인들의 호응까지 얻고 있다. '사이비 역사학'의 영향으로 왜곡된 고대사 인식이 교과서 문제뿐 아니라 한·중 관계와도 관련될 것이다. …… 학계의 우려는 어디에서 나오는 것인지, 고대사에 관한 일부의 주장에 '사이비 역사학'이라는 비판은 타당한지 「역사비평」의 글을 중심으로 짚어봤다."

— 「경향신문」 2016년 3월 12일자

「경향신문」은 스스로 「역사비평」의 입장만 옹호함을 밝히며 역사학계의 주장을 일방적으로 실었다. 민족사학계에서 근거를 가지고 강단사학계를 비판하는 목소리를 애써 모른 척하며 그들만을 비호하는 보도 행태가 과연 진정한 언론인가?

또한 「경향신문」은 '무서운 아이들'의 하나인 기경량의 말을 이렇게 보도했다.

"지난해 4월에 동북아특위가 이덕일 소장과 『동북아역사지도』 편찬위원인 서울교육대학교 임기환 교수를 불러서 「동북아역사지도」에 대해 물은 적이 있다. 회의록을 읽어봤는데 굉장히 끔찍하다는 생각이 들었다. 여야를 막론하고 임 교수에게 질문을 던지는 게 '이렇게 우리한테 유리한 사료가 있다고 하는데 왜 불리한 사료를 인용하나?' 이런 식이더라."

— 「경향신문」 2016년 4월 11일자

국회 동북아역사왜곡대책 특별위원회에서의 회의 내용을 기경량이 읽어보니 '끔찍하다'는 생각이 들었다는 것이다. 여·야를 막론한

국회의원들이 '이렇게 우리한테 유리한 사료가 있다고 하는데 왜 불리한 사료를 인용하나?'라고 한 것이 말도 안 된다는 식으로 기경량이 비하했는데, 이것은 참으로 말이 안 된다. 국회의원들은 국익의 차원에서 당연히 물어볼 것을 물어본 것인데, 임기환이 논리적으로나 국익 차원에서나 합리적인 대답을 못한 것 자체가 문제가 아니겠는가?

지금까지 「경향신문」의 편파적 보도를 중심으로 보았는데, 아래에서는 김현구가 이덕일을 상대로 제소한 명예훼손 사건에 대한 「한겨레」의 편파적 보도를 살펴보겠다. 여기서 필자가 많은 지면을 써서 보도 내용들을 구체적으로 비판하는 것은 생략하기로 하고, 다만 한 네티즌이 「한겨레」의 편파적 역사 관련 보도와 관련해 인터넷에 올린 내용을 소개하고자 한다. 「한겨레」를 사랑하는 애독자 운단'이라고 밝힌 이 네티즌은 올해 5월 17일에 「한겨레」는 역사학자 이덕일 소장에게 공식 사과하라!'라는 제목의 글을 올렸다. 김현구가 이덕일을 상대로 명예훼손 소송을 제기한 사건에서 최종 3심에서 무죄가 확정된 직후의 일이다. 그는 이 재판의 결과와 「한겨레」의 태도에 대해 이렇게 지적했다.

> "이번 판결은 단순히 이덕일 소장이 혐의를 벗어났다는 점이 아니라 법원의 엄중한 판단에서 볼 때, 김현구씨의 논리가 바로 식민사학의 전형임을 판결한 것이라는 측면에서 그 역사적 의의가 높다. 이번 재판이 진행되는 동안 검찰이 보여준 상식 밖의 내용은 차차 세상에 드러날 것으로 판단되나, 본인

이 「한겨레」에 따지고자 하는 바는 바로 이 시대 언론의 양심
을 자처하는 「한겨레」가 바로 이 김현구의 무고에 앞장섰다는
점이다."

이 네티즌은 「한겨레」가 김현구를 옹호하고 이덕일 등 민족사학
자를 백안시한다고 비판하고, 이러한 2건의 기사를 예시했는데 그
하나는 아래와 같다.

"이번 사건과 관련해 첫 번째 눈여겨 볼 기사는 2014년 10월
7일 한승동 기자가 쓴 김현구 교수와의 인터뷰 기사이다. 이
기사에서 한승동 기자는 김현구 교수의 주장, 즉 자신은 절
대 일본의 임나일본부설을 옹호한 적이 없고 비판했다는 거
짓말을 확인도 하지 않은 채 그대로 대변하고 말았다. 당시
한승동 기자가 김현구의 책을 읽고 확인이나 한 것인지, 문제
가 된 이덕일 소장의 주장에 대해 정당하게 검토는 하였는지
노력의 흔적은 보이지 않는다. 이 기사와 관련해 이덕일 소장
의 의견을 묻지 않았음은 편파적 의도로 기사를 쓴 것이라
는 증거다."

임나일본부설 같이 중요한 문제가 법정에까지 비화된 상태에서
한 쪽의 입장만 쓴 것은 편파적이라는 비난을 피하기 어려울 것이
다. 두 번째와 세 번째의 기사에 관한 것은 다소 길지만 그대로 인
용하겠다.

"두 번째 기사는 더욱 악의적이다. 2016년 3월 24일 강희철 기자는 '이덕일 중심의 상고사 열풍에 드리운 정치적 위험성'이라는 기사를 통해 놀라운 필력을 보여준다. 고조선의 역사를 제대로 밝히려는 노력을 화려한 과거사로 신화를 강화하려는 국수주의로 치부하고, 송호정 교수 등 대표적인 식민사학자들의 의견을 일방적으로 옮겨 고조선의 요하 지역 및 만주 지역설을 비난한다. 그러나 어이없게도 강 기자가 제시한 근거들은 이미 재야 학자들이 여러 저서에서 충분히 근거와 논리로서 제시한 바 있는 내용에 불과하다. 마지막으로 강 기자는 상고사 치장하기와 박근혜 정부를 연결시키며, 재야사학계와 이덕일 소장의 명예를 심각하게 훼손하였다. 어떤 근거로 이런 막말을 퍼붓는 것인지 필자는 강 기자의 기자로서의 자질을 심히 의심하지 않을 수 없다. 조금만 이덕일 소장의 인생 역정을 살펴본다면 그가 박근혜 정부와 박 정권의 국정 교과서에 얼마나 치열하게 반대해왔는지, 그가 누구보다 사실과 문헌에 근거해 역사를 바로잡으려 노력했다는 것을 철저히 외면하고 모욕하고 침 뱉은 것이다.

여기에 한 술 더 떠 2016년 3월 8일 허미경 기자는 '덮어놓고 식민사학? 사료 놓고 따져보자'를 통해 주류 학계와 재야 학계 간의 자료를 비교하며 마치 매우 공정하게 양측의 주장을 비교하며, 주류 학계의 의견이 한 수 위인 것처럼 기사를 쓰고 있다. 그러나 이 자료와 주장은 모두 주류 학계가 일방적으로 개최한 학회와 학술지의 내용을 일방적으로 옮겨놓은 것에 불과했다."

위 내용 중 「한겨레」가 '상고사 치장하기와 박근혜 정부를 연결해' 민족사학계를 모욕했다는 비판은 매우 타당하다. 민족사학계에서는 상고사를 치장하려는 의도가 아니라 진실을 밝히기 위해 노력해왔으며, 박근혜 정권의 역사 교과서 국정화를 개악으로 간주해 줄곧 반대해왔기 때문이다.

위의 세 기사를 비판한 뒤 이어지는 내용이다.

"극우 보수신문도 아닌 「한겨레」의 기사라고는 도저히 믿어지지 않는 이런 일방적인 '매도'에 대해 여러 사람들이 「한겨레」에 강력히 항의하였고, 「한겨레」도 마지못해 반박문을 실어주었다. 2016년 3월 31일, 노무현 정부에서 장관을 지낸 허성관 전 광주과학기술원 원장이 '덮어놓고 사이비 사학자, 사료 놓고 따져보자'란 제목으로 반박문을 게재했다. 「한겨레」 기자들이 줄지어 쓴 기사들의 오류와 위험성을 지적하고 반성을 촉구하는 내용이었다."

뒤늦게라도 반박문이 실렸다니 매우 다행한 일이며, 판단은 독자의 몫이 될 것이다. 이 네티즌은 결론적으로 이렇게 말한다.

"앞서 지적한 「한겨레」 기사 세 편의 공통점은 분명하다.
첫째, 주류 학계의 행태와 매우 유사하게, 주류 학계·식민사학계를 비판하는 재야 민족사학계의 의견은 철저히 외면하고 인정하려 하지 않는다는 점이다. 이미 경도되어 있는, 기자답지 않은 일방적 태도인 것이다.

둘째, 세 편의 기사 모두 사실에 근거하지 않고 있다. 반대편의 의견도 확인하지 않았고, 자신들의 주장이 얼마나 철저한 역사적 근거를 갖고 있는지는 오로지 주류 학계의 의견에서 구하고자 한다.

셋째, 이들 세 기자 모두 이번 이덕일 소장의 승리에 대해 묵언으로 정진 중이다. 아니 「한겨레」 자체가 이덕일 소장의 김현구 교수에 대한 승소의 의미에 대해 침묵하고 있다."

위 글에서 마지막에 지적한 「한겨레」만이 아니라 주요 언론에서 위 재판의 결과가 의미하는 국가적 중대 사안에 대해 일제히 침묵한 사실은, 그들이 편파적인 역사관을 가지고 있다는 확실한 증거인 것이다. 만약 이덕일이 최종적으로 유죄 선고를 받았더라도 과연 언론에서 모른 척했을까? 과거 그들의 보도 경향으로 판단한다면 이덕일은 법정에서 죄를 받은 몇 배 이상으로 언론에 의해 치명상을 입었을 것이다.

필자는 이 글을 보고 매우 감동을 받았으며 우리 국민들이 정의로운 사회를 절실히 염원하고 있음을 새삼 느꼈다. 이런 면에서 주요 언론들이 공정한 보도를 해야 함은 두말이 필요 없으나, 역사 문제에 있어 오히려 그릇된 방향에 서 있으니 앞으로 크게 각성하여 국민들의 알 권리를 충족시켜야 할 것이다. 위 정의로운 네티즌의 말을 마지막으로 인용하겠다.

> "「한겨레」는 재야사학자들의 주장에 귀를 기울이고 그들의 주
> 장에 대해 제대로 비판하고자 한다면, 차라리 도망 다니고
> 피하기에 급급한 주류 학계를 토론의 광장에 끌고 나와 국민
> 과 독자들 앞에서 당당하게 토론하고 과연 어떤 역사학자의
> 관점과 주장이 정당하고 올바른지 판단하게 하라. 결국 국민
> 과 독자가 올바른 판단을 할 것이다. 「한겨레」 기자들이 자신
> 들의 아집과 편견, 왜곡된 의식을 스스로 인정하고 정정하지
> 않는 한 어찌 정당한 우리 역사가 제대로 기술될 수 있겠는
> 가? 해방 이후 70년이 넘도록 아직도 식민사학에서 벗어나지
> 못한 이 땅의 진정한 독립을 구하고, 구태·적폐를 벗어던지기
> 위해 「한겨레」 스스로가 먼저 반성하고 새 출발하기 바란다."

지금까지 「경향신문」과 「한겨레」의 역사 관련 보도 행태를 예시했
으나, 민족사학계에는 이 외에 「조선일보」와 「한국일보」도 마찬가지
입장에서 매국사학을 지지하는 카르텔의 주요 멤버로 인식하고 있
다. 앞으로 주요 언론들은 위 네티즌이 올바로 지적한 것을 명심하
여 지난날을 반성하고, 매국적 언론이라는 비판을 받고 독자로부터
외면당하지 않는, 민주 사회의 비판 기능을 다해주기를 진심으로
바란다.

참고문헌

1. 사료

『관자』,『괄지지』,『규원사화』,『사기』,『사기색은』,『사기정의』,『사기집해』,『산해경』,『삼국사기』,
『삼국유사』,『삼국지』,『삼성기』,『서경(書經)』,『수경』,『수경주』,『시경』,『위략』,『자치통감』,『진서
(晉書)』,『태백일사』,『한서』,『환단고기』,『회남자』,『후한서』.

2. 단행본 · 논문 등

김명옥 외,『매국의 역사학자, 그들만의 세상』, 만권당, 2017.

김현구,『임나일본부설은 허구인가』, 창비, 2010.

노태돈,「고조선 중심지의 변천에 대한 연구」,『단군과 고조선사』, 사계절, 2000.

문성재,『한사군은 중국에 있었다』, 우리역사연구재단, 2016.

박은식,『한국독립운동지 혈사』,『백암 박은식 전집』2권, 동방미디어, 2002.

서영수,「고조선의 위치와 강역」,『한국사 시민강좌』2집, 일조각 1988.

서희건,『잃어버린 역사를 찾아서』3, 고려원, 1986.

송호정,『단군, 만들어진 신화』, 산처럼, 2004.

_____,『한국 고대사 속의 고조선사』, 푸른역사, 2003.

신채호,『조선상고사』, 단재신채호선생기념사업회, 1992.

역사비평,「역사비평」2016 봄호 · 여름호.

윤내현,『고조선 연구』상, 만권당, 2015.

_____,『고조선 연구』하, 만권당, 2016.

_____,『한국 열국사 연구』, 만권당, 2016.

윤용구,「백제의 요서 진출설, 요서 지역 조사와 현장 토론회」, 동북아역사재단, 2016.

이기동,「북한에서의 고조선 연구」,『한국사 시민강좌』2집, 일조각, 1988.

이기백,「고조선의 국가형성」,『한국사 시민강좌』2집, 일조각, 1988.

_____,「반도적 성격론 비판」,『한국사 시민강좌』1집, 1987.

이덕일,『한국사, 그들이 숨긴 진실』, 역사의아침, 2009.

_____,『우리 안의 식민사관』, 만권당, 2014.

_____,『매국의 역사학, 어디까지 왔나』, 만권당, 2015.

이마니시 류,『신라사 연구』, 이부오 · 하시모토 시게루 옮김, 서경문화사, 2008.

이병도, 『한국고대사 연구』, 한국학술정보, 2012.

_____, 『한국고대사회사론고』, 한국학술정보, 2012.

_____, 『한국사대관』, 한국학술정보, 2012.

이형구, 「리지린의 고조선연구, 그 후」, 『한국사 시민강좌』 49집, 2011.

임종권, 「랑케의 실증주의와 한국 사학계의 실증주의」, 『한국 바른역사학술원 개원식 및 학술대회』, 미래로가는바른역사협의회, 2017.

젊은역사학자모임, 『한국 고대사와 사이비 역사학』, 역사비평사, 2016.

정지환, 『대한민국 다큐멘터리』, 인물과사상사, 2004.

최재석, 『역경의 행운』, 만권당, 2016.

_____, 『일본고대사의 진실』, 경인문화사, 2010.

_____, 『한국고대사회사방법론』, 일지사, 1987.

푸스넨, 「이하동서설(夷夏東西說)」, 『푸스넨 전집』 제3책, 연경출판, 1980.

한일역사공동연구위원회, 『한일역사공동연구보고서』 1권, 2005.

황순종, 『동북아대륙에서 펼쳐진 우리 고대사』, 지식산업사. 2012.

_____, 『식민사관의 감춰진 맨얼굴』, 만권당, 2014.

_____, 『임나일본부는 없었다』, 만권당, 2016.

매국사학의
18가지 거짓말

초판 1쇄 펴낸 날 2017. 9. 11.

지은이 황순종
발행인 양진호
발행처 도서출판 |만권당█

등 록 2014년 6월 27일(제2014-000189호)
주 소 (121-894) 서울시 마포구 양화로 56 동양한강트레벨 718호
전 화 (02) 338-5951~2
팩 스 (02) 338-5953
이메일 mangwonbooks@hanmail.net

ISBN   ISBN 979-11-958723-7-4 (03910)

이 도서의 국립중앙도서관 출판시도서목록(CIP)은 서지정보유통지원시스템 홈페이지
(http://seoji.nl.go.kr)와 국가자료공동목록시스템(http://www.nl.go.kr/koli-snet)에
서 이용하실 수 있습니다. (CIP제어번호: CIP2017021810)